FOR2

FOR pleasure　FOR life

想有錢 就有錢

Think Yourself Rich

Joseph Murphy
約瑟夫・摩菲 著
朱衣、劉永毅 譯
郝明義 序

目錄

序　一種心想事成的理論和方法　郝明義　6
1 有一種奇異的力量　15
2 使你有錢的一道開關　28
3 為什麼有錢人會越有錢——加入他們之道　45
4 如何主張屬於你的無窮財富　58
5 奇蹟的思考模式能增加你的財富　81
6 要說什麼「話」才會有錢　93
7 啟動你的心靈提款機　106
8 畫出心靈的寶藏地圖　123
9 上天的增量法則　137

10 打開財富的自動門，展開華麗的生命 150
11 財富目標，立即得到 164
12 傾聽直覺的聲音 178
13 發財夢成真——心靈同化的祕密 193
14 愛的力量絕不失敗 208
15 如何充飽吸引財富的磁力 225
16 如何獲得黃金般的豐盛祝福 238
17 召喚療癒的能量，帶來你想要的財寶 253
18 源源不絕的財富來自平靜的心 269
19 享受帝王般的生活，就是現在！ 282

序

一種心想事成的理論和方法

郝明義

我是在尋找一把屠龍刀的過程裡，遇上約瑟夫．摩菲（Joseph Murphy）的。

□

念頭是人的產物。但人也是念頭的產物。我們因為每天的生活，而生出無數的念頭。也因為無數的念頭，而驅動我們的生活。

我原以為念頭不過是自己的思緒，自己對自己的思緒很有把握。但二十年前開始讀《金剛經》，發現事實不然，念頭是極不受自己控制的。因而體會到，如何當自己念頭的主人，而不是讓自己當念頭的奴隸，是一個關鍵課題。後來二十年，我把《金剛經》當作一本管理念頭的書來看，一路練習控制自己的念頭。

倚靠《金剛經》生活了二十年後，有所體會的是，如何對待一些自己不需要、不想要的念頭，在這些不需要、不想要的念頭才剛冒出來的時候，就與之揮手告別，而不是忘其所以地跟隨而去。我深深體會到《金剛經》在這方面像是我的一把倚天劍，幫我斬斷了許多不需要的糾纏。

但是我也有困惑。

因為久而久之地練習不要隨便起心動念，所以也給自己造成了新的束縛，就算即使自己體會到有需要起心動念，甚至起而行的時候，也竟然不知道如何斬斷這些新的束縛，不知道如何動了。

因而我在倚天劍之外，又剛始尋找一把屠龍刀。

這是一段漫長的過程。

□

我有特別注意閱讀《聖經》的人。和我整天與自己瑣細的念頭相週旋比起來，相信上帝，相信自己是上帝的選民，就可以朝目標勇往直前的人，真是乾脆俐落。

但那畢竟是不同的信仰。我無法採用。

因此，當我讀到約瑟夫．摩菲的書的時候，就感到很有意思。

約瑟夫．摩菲雖然是一位牧師，但是他對各門宗教都開放心胸地研究，並且對《易經》和神通等超意識能力也都下過很深的工夫，因此他也探討人的心念的作用，並超越了宗教的界限。

約瑟夫．摩菲的心念理論，有幾個基本要點：

一，每個人有所祈求的時候，不需要訴諸外在的神明，而應該回歸自己的內心。

二，這個內心是由「表面意識」與「潛意識」兩種意識所組成，如果能善用這兩種意識相互的作用和力量，就可以心想事成。

三，善用「表面意識」與「潛意識」之道，就是讓自己的「表面意識」時刻保持和諧、安定與「正念」（Goodwill），然後，把自己想要達成的事情和目標，平靜但充滿信心地交付給「潛意識」去執行。

四，因此，所謂「祈禱」的真諦與藝術，就是在於明瞭並相信自己「表面意識」的作用，將一定會得到自己「潛意識」明確的回報。

五，這就是人可以「心想事成」的祕密。

□

至於一般人為什麼難以心想事成，約瑟夫．摩菲有些解釋非常精彩。

和佛法中所說的「萬法唯心造」很相通的，約瑟夫．摩菲把人的「潛意識」形容為一片土地。這片土地不唯廣大無垠，還極其肥沃，因此必定會種瓜得瓜，種豆得豆，端看「表面意識」給它種下的種子是什麼，以及種下之後如何灌溉。一般人不知道「潛意識」土地的作用，也不知道「表面意識」撒種的作用，因此整天只會漫無目的地撒下無謂的種子，沒有意義的種子，任憑土地亂長、錯長許多東西，而不知善加利用「表面意識」種下有用的種子，並善加灌溉。

至於有些人為什麼知道利用「表面意識」下種，也知道要加以灌溉，卻仍然沒法心想事成呢？約瑟夫．摩菲說，這可能出於兩個原因：一是信心不足；二是用力太過。

約瑟夫．摩菲還舉過一個開車的例子，生動有趣。他說，「表面意識」像是一輛車的主人，「潛意識」則像是一個司機，可以駕駛車子到任何你想去的目的地。「心想」，就是我們表面意識想的事情，也就是你告訴司機要去的地方；「事成」，則是我們的潛意識開始日夜二十四小時沒有任何休息地趕路，把你載到想去的地方。

如果你問：那為什麼我經常「心想」很多事情，但是卻沒看到「事成」呢？照約瑟夫．摩菲的回答，這是因為你可能犯了三個錯誤：

第一，你告訴司機要去什麼地方，必須說得越清楚越好。譬如你想發財，你不能只是想「發財」而已。這就好像你不能告訴司機你要去忠孝東路。你得告訴他你要去忠孝東路幾段幾號，他才能準確地送你到要去的地方。否則，車子往往只是在忠孝東路一段到六段上來回晃蕩而已。

第二，你告訴司機地點之後，不能再三改變要去的目的地。很多人「心想」了一件事情之後，還會想很多事實上與之矛盾的事情。這就好像告訴司機要去忠孝東路之後，又告訴他要去淡水，要去新店，讓他疲於奔命。

第三，你可能不夠相信司機。司機本來有自己的路可以到忠孝東路你要去的地方。你信任潛意識，他就要載你過去。但是坐在後座的表面意識，往往過了一會兒，自覺得離忠孝東路越來越遠，會不斷急切地下指令，甚至自己搶到前座來開車，根本不給司機，也就是潛意識開車的機會。

所以，第一個錯誤，是你不明白利用「表面意識」與「潛意識」的關係。第二個錯誤，是你對使用這兩者的信心不足。第三個錯誤，則是你使用這兩者用力太過。

因而約瑟夫·摩菲建議要想恰如其份地讓「表面意識」與「潛意識」溝通，最好的方法與時機是每天晚上睡前，以及每天早上剛醒來的那幾分鐘，平靜但是沒有動搖地重複自己想要達成的事情（那個目的地），然後就把駕駛的任務交付給潛意識去進行。

□

約瑟夫．摩菲的著作甚多。除了他廣為人知的《潛意識的力量》（*The Power of Your Subconscious Mind*）是總論式的一本著作之外，他還根據自己的理論和方法，針對特定課題寫了許多書。

《想有錢就有錢》（*Think Yourself Rich*）就是一本專門針對如何就財富這件事情來「心想事成」的書。

約瑟夫．摩菲對財富可以心想事成的觀點，基本如下：

一，一如血液是每個人身體所必需的，財富也是每個人生活與工作所必需的。一如每個人生來該是健康的，每個人生來也該是不虞欠缺財富的。

二，「只想倚靠努力與汗水而賺取財富的人，只能成為墓園裡最富有的人。」所以光是努力工作，不見得會成功。靠意志力，也不會。就像蓋一棟房子，不先想好怎麼蓋，而只是努力一磚一瓦地砌上去，是蓋不好一棟房子的。做你真正愛做的事，為了做這件事情的樂趣和興奮而做，運用你的想像力把你想做的事情都先畫好藍圖而做，最可能讓你創造財富。

三，財富只是富裕的一部分。一如健康是一種總和的感受，富裕也是。不能只想財富，卻賠上健康與家庭的代價。人要在財富之外，還得同時滿足自己需要安定、和諧、快樂、愛，和健康的渴望，才是真正的富裕。

四，如果你能培養自己這種整體富裕的感覺，就會產生富裕的「表面意識」，而這個「表面意識」則會再進一步讓「潛意識」工作，產生財富上神奇的回報。

五，如果你真的體認到自己是富裕的，自己的財富總會循環流動，那就不會因為一時的財富減少而慌亂。潮水有漲有退是一定的。財富有漲有縮也是一定的。如此相信的話，就算遭遇突變，突然財產散盡，仍然應該有信心財富還是會再回來。你既然有這種信心，那就該隨時處於一種富裕、快樂、平安、真誠、充滿愛心的狀態，並且願意隨時把愛，正念和祝福散播給所有的人。這樣，你可以使用的財富，就無窮無盡。

總之，富裕的感覺，本身就會滋生財富。越是有匱乏之感，就越會產生匱乏。而越是有富裕的感覺，就越會有更多的財富。

《想有錢就有錢》，則是在這些基礎上，再以更細的說明來解釋他的理由和方法。

□

雖然和近年來坊間一些探討吸引力法則的書比起來，約瑟夫·摩菲的理論和方法都遠為更有說服力並更加可行，但不是沒有漏洞。以「表面意識」和「潛意識」分別比喻為主人和司機的例子來說，如果主人不由自己地就是偏偏想要亂指揮司機的時候，到底怎麼打消那個念頭；以及如果長時間看不到司機把你載到目的地的時候，你怎樣不致慌亂，都是有待再補充說明的。但是不論如何，讀約瑟夫．摩菲的書，還是讓我對西方人在正向使用心念的理論和方法上，大開眼界。

不過，我更幸運的是，在這段尋找屠龍刀的過程中，我另有所獲。在反覆尋覓、思考之中，我發現自己一直把《金剛經》只當倚天劍看待，其實是少讀了四個字。等我把自己漏讀的那四個字補回去之後，就發現了《金剛經》原來是倚天屠龍合體。

但那是另一本書的故事。＊

郝明義

現任大塊文化董事長，與Net and Books發行人。

著有：《工作DNA》、《故事》（大塊文化）、《那一百零八天》、《他們說》、《越讀者》、《一隻牡羊的金剛經筆記》（Net and Books）

譯著：《如何閱讀一本書》（臺灣商務）、《二〇〇一太空漫遊》（遠流）

個人網站：www.rexhow.com

註＊　有興趣的讀者，請參閱《一隻牡羊的金剛經筆記》。

1 有一種奇異的力量

你天生就有權利有錢。你來到世間就是要過著富裕圓滿的人生。你在人世間的終極目標是過著幸福、快樂和耀眼的生活——生活更豐足繁盛。無盡的財富全在你左右。然而這無窮無盡的寶藏是你在銀行金庫或海盜船上的寶庫裡找不到的，金錢是在你的潛意識深處。從現在開始，就從內心令人驚嘆的金礦中挖掘你需要的一切——金錢、朋友、豪宅、美貌、伴侶關係及所有人生幸運之事。一旦你學會運用適切的技巧後，任何你需要的事物，任何你想要的東西，都可以手到擒來。

我有個認識已久的朋友達菲·霍威，他告訴我一個故事：彼得和史提夫兩人從小在同個小鎮長大，上同一所大學，爾後不約而同成為地質學家。畢業之後，他們分別進入美國西部兩家相互競爭的採礦公司。彼得花了許多時間和精力來學習如何開發內在心智的寶藏，然而史提夫並沒有這樣做，因為他完全不相信心智的力量。相反地，他對學校教授所教導的技巧和電子儀器充滿信心。他信賴事物的表象，比如身體的外觀、身分、地形及土地。剛開始工作時，公司派史提夫到猶他州一塊特定地區勘查地質。他使用所有最現代的專業設備，也做了應該做的一切事情，然而他沒找到任何礦物。三個星期之後，他放棄了。

同一年的後半年，彼得管理相同地區的勘測。彼得在三天之內就找到有豐富鈾礦的證據。他信任潛意識的引導原則，使他直接通往隱藏的財富。真正的財富並沒有隱藏在地下，而是在你的心靈之中。

世界上最大的祕密

科學家在不久前完成了解開人類基因的驚人功績，如今，人類已經可以企及生命本身的構造方式。無數的專家都宣稱這是當今被揭開的最大祕密。他們告訴我們在接下來的幾年，科學將可以改變人類的基本基因。只要我們願意，我們可以隨心所欲製造出愛因斯坦、貝多芬或是米開朗基羅，要幾個有幾個。

這些專家不了解生命的真相。人類不只是身體、遺傳特徵、家譜、皮膚、頭髮和眼睛的顏色。人的內心裡有著活生生的靈性。人的潛意識是永恆的一部分，是不會改變的。昨天、今天、永遠都不會改變。我們唯一可以轉化的方式是透過心智的轉換。

世界上最大的祕密就是我們的內心裡有一個天國。無窮無盡的智能、智慧、力量、愛及天底下每個問題的答案，全都鎖在我們的潛意識之中。

人們到處尋找世上最大的祕密，卻沒有往自己的內心去尋求。而祕密始終在等待你去開發。從現在起，發掘這些內心的巨大力量，你將會開始過著富足幸福的生活。只要倚靠那厚賜百物給我們享受的上蒼。

你有權利有錢

你希望人生很成功、被人賞識、繁榮旺盛，這是很正常且自然的事。你希望做你想要做的事情時，你應當擁有完成那件事所需的錢財。貧窮沒有任何好處。貧窮是精神的疾病，應該要把它從地球上鏟除。就像財富是一種心境，同樣地貧窮也是一種心境。如果我們希望根絕世界上所有的貧民窟，必須首先徹底摧毀人們內心因為相信貧窮和匱乏所創造出來的精神貧民窟。

在我多年的個人諮商生涯中，或者是當我和那些來聽課的世界各地人士談話時，我時常聽到人們都會有同樣的感慨：「唯一使我退縮的是我缺錢。假使有五萬美金或十萬美金，一定可以拯救我的人生。」這些人沒有領悟到，他們一直專注在自己欠缺了什麼，結果正是創造了自己的貧窮。財富，就像貧窮，其實是內心的思考和想像的模式。

如果這些人遵照這本書所說明的技巧，開始運用潛意識的力量，財富將會源源不絕地流向他們。

你和你的家人有權利擁有健康、營養的食物、漂亮的衣服、舒適的家，以及可以讓你購買良好生活用品的金錢。你每天需要時間沉思默想、祈禱、放鬆、休養，也要有空間使這一切成為可能。豐足富裕的真正意義不在於擁有更多的東西，而是表示你的精神、心靈和智能開始提升，同樣地社會地位和財務狀況也提升了。

她如何發現潛意識的財富

一名叫貝蒂娜的女子來找我諮詢，她告訴我她遭受一連串家庭變故。離婚之後，她需負責照顧兩名學齡前兒童，而遠在他鄉的前夫卻停止支付孩子的生活費。她有房子，不過已經二度貸款，而她的信用卡也快刷爆了。她有一份固定工作，一份兼差，然而賺的錢總是才剛進來又立刻出去了。為了讓餐桌上有熱騰騰的菜餚，她得持續不斷努力才行。貝蒂娜每晚睡不著，都在想如果她或孩子生病了該怎麼辦。就像她自己說的，她的生活一團混亂。

我跟她說明潛意識的無盡智慧可以一直為她揭示她需要知道的一切事情。她可以接收到靈感、指導、有創意的想法以及解決財務問題的辦法。我又補充說一旦她開始正確地使用潛意識的能力，它也會提供所有她需要的金錢；她會體驗到超乎想像的金錢自由。

為了使這個程序開始運轉，我提供貝蒂娜兩個抽象的想法：財富和成功。隨著我們的談話，她開始了解到處處都是財富。就像我們所有人一樣，她生來就是要成功的，注定要在人生的遊戲中獲勝，因為一旦開發出來，內心無限的力量就不可能消失。在我的建議之下，她開始執行一項心靈運動計畫。每天晚上睡覺之前，她撥出一段安靜的時間，在深刻的理念之下，緩慢、充滿感情地重複說：「財富、成功。財富、成功。」她領悟到輸入潛意識的事物會在宇宙的空間中放大和加倍。在睡覺之前，潛意識對我們的任何知覺想法特別敏感。因此，透過把意識集中在「財富、成功」這兩個概念上，貝蒂娜讓潛意識的潛在力量開始活動和釋放出來。

她的潛意識如何反應

只要正確地運用，潛意識絕不會失去作用。一旦你向它求助，它將以預料之外的方式滿足我們的需求。當貝蒂娜全神貫注在財富和成功時，便拋棄了貧窮和壓力的思想。有天晚上，她正在做這個練習，無意間眼睛落在一只阿姨送給她的花瓶上。隔天，一時衝動之下，她把花瓶拿到網路拍賣。幾天之內，一些認出花瓶是珍品的古董鑑賞家已經把價格飆到七千美元以上。

貝蒂娜很快地就成為跳蚤市場和古董拍賣的老顧客。如果有某件特定的物品吸引了她的目光，她就買下來，然後拿到網上拍賣。短短三個月內，她從買賣古董和收藏品中獲得了極高的利潤，高到可以讓她辭掉固定的工作，從事全職的古董買賣。朋友和競爭對手說她的成功來自於某種「天賦」。她自己很清楚不只這樣，她明白是潛意識的力量，把她和無盡的寶藏連結了起來。潛意識的無盡智慧只有透過你的開發運用才可能對你有效用。思想和感覺控制你的命運。因為貝蒂娜學習到信賴潛意識的無窮盡力量，所以她將永遠不會在物質和精神上有所匱乏。

財富和升遷的祕密在他的內心

拉爾是個有天賦的年輕律師，然而連續失去幾個案子後他變得很憂鬱、沮喪、自我譴責。過沒多久他開始遭受嚴重的財務挫折，負債越滾越大。在公司的資深合夥人給他一個職業不保的友善警告之後，他來找我尋求幫助。

聽完了他的故事後，我解釋一個基本但常被忽略的事實：我們的思想是有創造力的，也就是說，我們所想的事情可以改變——甚至創造——現實。我們經歷的形勢、環境、事件和經驗都不是意外事情，而是精確地反映出我們習以為常的想法和想像力。我告訴拉爾，如果他經常想著限制和匱乏，他必然會碰到限制和匱乏。

然而，同樣的，如果時常且有計畫地保有平靜、成功、繁盛、正確行動及富足的思想，同類的結果就會自動增長。我們不會從荊棘中得到葡萄，或從朝鮮薊中得到無花果。我們一整天想了什麼，我們就會是什麼，這是大自然的法則。此外，發自我們內心深處，專注且深刻的想法，更是特別有效。適當地運用潛意識的力量，從今天開始，它將會為你創造任何你想要體驗的事情。

我的目的是幫助拉爾開始使用心智的神奇力量。我為他設計了一個方案，要他依著做，這可以時常提醒他潛意識裡有無窮無盡的財富。於是，我給他下述的祈禱技巧。每天三、四次，他到一些不受干擾的地方，放鬆之後，開始緩慢、安靜、充滿感情地宣誓：

今天是屬於上天的。我選擇和諧、成功、繁盛、富足、安全和專注在正確的行為。無盡的智慧向我揭示如何提供更崇高的奉獻。我的精神和心靈像是一塊磁鐵，具有強烈的吸引力，受到我吸引的是一些快樂、舒適、滿意，願意接受我計畫和決定的各階層人士。憑藉著上天的力量，我做的任何事都能成功。神聖的正義、法律與秩序將會引導我的事業，任何我開始經手的事最後都會成功。我知道我的心智規則，我非常清楚上述那些我反覆誦念的真理，現在正滲入我的潛意識，然後將會浮現出來。真是太美好了。

他特別堅定地表示絕不會否認他所說的這番話。當匱乏、害怕或自我批評的思想試著闖入時，他會立刻透過這個宣誓徹底改變一切。

幾年過後，現在拉爾在他的律師事務所是受到高度尊重的合夥人，經常被提名為最有可能成為法官的適當人選。當你的思想符合上天的思想時，宇宙的力量就是你的良善思想。

傾聽的耳朵和寬容的心造就財富

我曾小心地保留一封讓我感動萬分的信，那是名叫賽蓮娜的女子寄給我的，她每天早上聽我的廣播節目。她告訴我，她的丈夫羅伯特幾個月前因心臟病去世，年僅三十八歲。雖然過去他們經常談論買人壽險，可是保險費很貴，而且當時手頭很緊，似乎也沒有迫切的必要。結果是：如今她成為有個十歲兒子的寡婦，沒什麼特殊的工作技能，背負沉重的房貸，而銀行存款幾乎等於零。她必須向好友借錢來支付丈夫的喪葬費。災難好像迫在眉睫。

她寫道：「我聽到你告訴我們，如果我們內心與天地協調，如果我們信任我們的心，那麼不管我們需要什麼，內心的力量都可保佑、安慰、供給、鼓舞我們，神聖的力量會有回應。

「我坐下來開始想上天會回應我的需要。禱告時我確信上天在聽，我感覺平靜與和諧。大約兩個小時後，我接到住在西雅圖的小叔米爾特的電話。米爾特是個事業有成的電腦程式設計師。他和我丈夫在小時候感情很好，不過最近幾年沒有聯繫。我想，羅伯特認為自己的工作沒有那麼體面，所以感到有點丟臉。

「米爾特告訴我，哥哥的去世讓他悲痛萬分，十分內疚。他經常想要多花點時間和我們相處，不過他工作這麼忙碌，根本沒有時間和我們見面。現在一切都太晚了。他接著說他知道羅伯特和我的經濟狀況不是很好，他想幫助我們。他安排把公司一批股票轉給我，股息足夠支付我們的基本費用。他還為我兒子成立一個教育信託，並向我們保證絕不會讓我們窮困度日。他所要求的回報是彼此保持聯繫，三不五時來找他。他希望不要再重蹈覆轍，不要再和姪子多年都不聯繫。」

業務員如何發大財

一名叫做瑞克的房地產業務員每週日早上上我的課，定期聽我的廣播節目。他告訴我他在股票市場曾被騙去做投機買賣，使得自己負債累累。他仰賴著靠賣房子的佣金可以讓他度過難關，然而事實上，他已經好幾個月都賣不出一棟房子或不動產了。

在談話時我看出他真正的問題所在。他對業績比他好的同事抱持著羨慕、妒忌和批評，滿腦子都是這種負面思想。他譴責他們的銷售技巧、職業精神、用詞，甚至穿著打扮；他甚至告訴我，他們的成功證明了他們的平庸。

談話過程中，我試著告訴瑞克，他心中的羨慕和嫉妒會反射到自己身上。輕視別人的成功，就是在給潛意識一個訊息：成功是不好的事，要避免成功。而他的潛意識便會依此反應。他的負面思想把匱乏、限制和不幸都吸引了過來。我們對別人的希望和期許也就是我們對自己的想法，因為每個人在自己的宇宙中是唯一的思想者。對於如何評斷別人或是評斷自己，我們要負起完全的責任。

一旦瑞克體會到他掉落的陷阱，對自己的思想和希望負起責任，便努力徹底改變態度。漸漸地，他開始希望同事和他自己一樣都能成功、圓滿、富裕和幸運。他教導自己每天要以下面的禱告沉思默想數次：

我是上蒼之子，祂的財富自由、快樂、無止盡地流向我。我將無比富足，無論是在幸福、平靜、財富、成功和傲人的銷售成績上，都將豐盈滿溢。現在我要開發最深層的心智財富，金錢將源源不盡。我知道我應該得到我播種的東西。

瑞克的態度改變也影響了公司同事之間的關係。他們開始把他看做忠告和支持的靈感來源。如今他掌管公司裡一間最有生產力的分公司，也經常被委任主持業務人員的研討會。在教導其他人如何聰明、果斷、建設性地發揮銷售能力的領域中，他頗有名氣。

領悟豐足人生的冥想

重複以下的冥想有助於解決你的財務問題：

我知道所謂的成功，是表示在每個方面有靈性上的成長。上天此刻在我心裡、身體，讓我繁盛壯大。在我內心，上天的想法不斷呈現，帶給我健康、財富，和完美神聖的體現。

當我感覺到上天賦予我的生命活力，我內心激動不已。我知道宇宙的生命線在鼓舞、供養且使我強大。我現在展現充滿生命力、能量和力量的完美、英姿煥發的身體。

我的職業或專業就是上天的活動。那是屬於上天的職業，因此是成功和繁盛的。我想像和感受到完全唯一的力量在我身體、心靈和事物中運行。我感激喜悅這豐富的人生。

本章牢記要點

1. 你來此是為了過一個豐足的人生，一種充滿幸福、歡樂、健康和有錢的人生。現在開始釋放你內心的財富寶藏。
2. 真正的財富是在你的潛意識裡。一位地質學家相信潛意識的指導原則，快速輕易地找到地球上的寶藏。他的對手缺乏信仰，花了幾個星期探索同樣區域，結果一無所獲。
3. 世界上最大的祕密是住在人類內心的神奇力量。一般人到處尋找，卻沒有往自己內心尋找財富、成功、幸福和富足。內心的力量是人生的原則，無盡的智慧與力量，透過所有人思想的傳導，立即有效。
4. 貧窮是心智的疾病；相信貧窮和匱乏就會產生匱乏和限制。財富是心智的狀態；信任財富的法則，你就會得到。在我們最終排除貧民窟和貧窮以前，首先必須消除人們心中的貧民窟和錯誤的信念。
5. 你可以透過要求指導、豐富、財富、安全和正確的行為來開發潛意識的財富。養成冥想這些真理的習慣，你的潛意識會照著反應。
6. 如果你每晚帶著財富和成功這兩種想法入睡，同時明白重複這些信念能啟動你深層的心智潛在力量，那麼，財富和成功便會向你迎面而來。

7. 潛意識的無盡智慧只為你起作用。思想和感受控制你的命運。

8. 當你相信潛意識無盡的智慧是要對你的請求做出反應，答案總是會以你不知道的方式出現。

9. 你的思想是有創造力的，每種思想往往會在你的人生中表現出來。升遷、財富、擴張和成就的思想，只要你接受，好運自然隨之而來。你提升了自我，你回應自己的祈禱，因為當你相信時自然就有所回應。

10. 要注意，當你宣誓要有金錢、成功、正確行動和升遷時，絕對不要否定你的宣言。那就像酸鹼混合，得到惰性物質。換句話說，不要讓你的善意化為烏有。思想就是事實。你會引來你所感覺的，你會成為你所想像的。

11. 一定不要羨慕、嫉妒其他人的成功、錢財和福氣。記住，思想是有創造力的，如果你嫉妒或批評那些已經累積了財富和榮譽的人，最後這些批評會回到你身上。你對別人的期望，往往會在你自己身上應驗。

12. 任何你感覺真實的事，在你的人生當中絕對會發生。專注在有錢、健康、美麗、安全和正確行動上。

13. 在這章結束時運用冥想以領悟到更富足的人生。

2 使你有錢的一道開關

「相信」就是認為那件事情是真的。這是透過心中真實存在的感覺，而使上天的真理活起來。這遠遠超越意識或理論上的認同。這表示你一定感覺到在心中宣誓的真理。

這就是人們心裡的信念，而信念決定了一個人是成功或失敗，健康或生病，快樂或不快樂，富有或貧窮。財富是心智的狀態，就像貧窮也是心智的狀態。當你認識了人們稱做神的內心永恆的力量，你就會富有。當你了解你的思想是有創造力的，你會吸引你所感受的事，你會成為你所想像的人，你就會富有。當你了解心智是一個創造的過程，任何銘刻在潛意識的東西如外形、功能、經驗和事件都會反射在宇宙的空間裡，你就會富有。

她如何發現內心的財富

　　有位年輕的平面設計師索菲，在聽完我的演講後前來找我。她看起來一副心事重重的樣子，以略帶惱怒的聲音說：「有個企劃我一直無法突破，」她忍不住脫口而出，「如果我搞砸了，我的事業就毀了。我曾不停的以你告訴我的方式祈禱來克服問題。不過我的祈禱沒有效果。如果我身邊一切事都處理得一塌糊塗，你的技巧又有什麼用呢？為什麼事情沒有照應該發展的方向進行呢？」

　　「索菲，」我開始說，「比方說你在電腦前面全力衝刺企劃案，如果老闆站在你的背後隨時給你意見，這樣對你有幫助嗎？」

　　「當然沒有幫助，」她回答，「我沒辦法那樣工作。」

　　「即使是很好的意見也不行？」我繼續問。

　　「是的，也不行，」她說道，「老闆最該做的是確信我知道自己該完成的事，然後給我執行這件事的空間。如果一直來打攪我，我一定會搞砸了。就是如此簡單明瞭！」

　　「我同意，」我說道，「你的潛意識也是如此。因為你不斷地禱告，在潛意識附近流連忘返，給它一個又一個的意見，妨礙它做事。你給它留下的印象是焦慮和懷疑它是否能完成你分派的任務。設想一個你希望的結果，盡可能充滿感情和圓滿的設想，然後放手，讓潛意識的無盡智慧去做它的工作。」

「我想我懂你的意思了，」索菲緩緩地說，「可是我已經養成祈求幫助的習慣。我以為禱告得越多，效果越強烈。我要怎麼改掉這種習慣？」

「有一種很有效的方式可破除這種偏執的習慣。」我答道，「你應該開始在一天當中撥出一、兩段時間為某個有嚴重問題的人禱告，這樣可打開內心的精神財富。他可能是朋友、鄰居、同事，甚至是你從電視上看到的某個人。關鍵在你這麼做時並沒有強迫或威脅自己要這麼做。」

索菲決定嘗試我建議的方法。幾天後，她興奮地打電話來。那天早晨她在鬧鐘響前一個小時醒過來，她的腦子非常清晰完美，饒富創意，正是可以處理艱難企劃案的最佳時機。她立刻打開電腦，等到平時吃早餐的時刻，她已經把企劃案中長久以來困擾她的那部分解決了。

創意思維為她帶來財富

一位年輕的婦人，瑪麗，非常擔憂母親的慢性胃痛的毛病。醫生試過多種藥物，但沒有一種藥能治癒她的胃痛。照胃鏡檢查消化系統，結果顯示出發炎的徵兆，不過沒有顯示發炎的原因。瑪麗決定唯有潛意識的療癒力量可幫助母親。她開始每個早上和晚上撥出半個小時為母親的胃禱告。她把精神集中在認定母親的消化系統是神聖的，因此是完美無缺的。

很不幸，母親的病情沒有改善。瑪麗不但更憂愁，連自己的胃也開始不舒服了。

瑪麗來找我，請我告訴她哪裡做錯了。為什麼她的禱告使潛意識產生疾病而非她渴求的健康呢？

「你這麼祈禱，」我解釋，「其實是在支持你母親的胃病。你一天兩次和它固定約會。你所希望的是丟掉它，但是你之前所做的卻是保有它。」

有創造力的思想如何療癒病痛

在我的建議之下，瑪麗改變她的方法。她小心地避免去想身體的特定器官和疾病。反而，她支持潛意識的無窮療癒力量。她開始安靜、充滿感情、深情地說創造母親的潛意識是有生命力、有治療效果的，可以使她的生命恢復和諧、安康、平靜和健全。每天晚上睡前短暫片刻，她靜靜地如此冥想。效果很顯著。她的胃痛立刻不藥而癒，母親的胃痛問題也有了顯著和穩定的改善。

同情或憐憫

瑪麗為母親禱告卻讓自己生病的原因是她同情母親。我們被教導同情是我們應該培養的優良品性，這是錯誤的。同情就像看到某個人陷入流沙中，你也參與其中，讓自己身涉險境。而憐憫是更好的反應，你可以繼續停留在結實的地面，然後丟一根繩子或樹枝給那個人。因為同情，我們參與了那個人的處境和疾病之負面或不幸的層面，往往會使問題惡化。主要的原因就是潛意識會極度誇大任何我們集中注意力的事情。

把無窮的財富給予生病的人

無窮的財富像是靈感、指導、信任、富足和安全感，都在你體內。探望生病的人時，你以思想和感覺鼓舞他們，給他們灌輸對潛意識療癒力量的信心，以及對自己的自信。記住，跟著上天行事一切都有可能達成。想像那是完整、光芒四射、快樂和自由的力量。覺得病人很可憐，對她產生同情會使病人的健康狀況變壞。這是消極的方法。帶著憐憫心，喚起潛意識無盡的療癒力量，可以治療、保佑和復元身體和心靈。

你是思想的主人——不是僕人

你的思想是有創造力的。每種思想都會展現出來，而你的潛意識便會根據思想的特質而做出反應。你可以指揮和操縱思想，就像操縱汽車一樣。思想就是真實事物——是會在宇宙天地之間改變形體的物質。在你腦海中的思維圖像就是真實，也就是我們所謂的真實世界的根本。汽車是固體、有形的物體，但是如果世界上每輛車子突然不見了，汽車工程師可以根據腦中的思維圖像快速地再設計出來。馬上我們可以又有許多汽車。

思想是你必須善加運用的最強有力的工具，比最新型的電腦更有效力。學習明智、建設性、果斷地指揮你的思想，會讓你獲益無窮。你的思想擁有數學的準確性：如果你老是想著貧窮，它就會產生限制和匱乏。如果你朝著擴張、成長和繁榮去想，它就會創造這樣的結果。

成為一個好的執行者

取得潛意識的財富需要一個優秀執行者的能力。從一個人處理事情的方式，可以看出他是否是個好的執行者。一個好的執行者具備聰明睿智，懂得選擇最好的人來完成任務；一旦交代了任務，他就放手，給他人足夠的空間著手執行。反之，差勁的執行者，不論是在企業、科學、藝術、工業或教育界，時常在別人做事時又插一手胡搞瞎搞。

在祈禱時，你必須是優秀的執行者。學習把職權委託給你的潛意識。它知道一切也看到一切，它會以它的方式使你的禱告生效。當你祈禱或尋求答案時，要以完全的信任和自信把你的祈求或渴望移轉到潛意識中，因為你很清楚，任何被轉送到潛意識的事情都將會成真。

你怎麼知道是否已經確實充滿信念的把需求轉到潛意識了呢？你可以感覺得到。如果你不斷懷疑自己的祈求究竟會如何、何時、何地以及透過什麼來源得到應驗，如果你內心充滿焦慮恐懼，那表示你並不相信潛意識的智慧。不要指責你的潛意識。你的焦慮與消極往往會造成類似的結果，最重要的是在祈求時要放鬆心情。千萬記住，潛意識的無盡智慧會以神奇的方式安排一切。

她的思想是磁鐵

麗莎是很成功的股票經紀人，她告訴我她成功的祕訣在於想像自己事業上成功的模樣。這就像是磁鐵的吸引力，不但吸引了客戶，還能精確地引導她朝符合思想和感覺的方向前進。

這是她每天清晨的禱告：「我是一塊心靈的磁鐵，我吸引所有那些想要和需要我提供服務的人。我們之間有心靈的交流。他們受到保佑，我也受到保佑。我決定要做和諧、富足、正確行動和鼓舞人心的事。我知道我的潛意識接受這些事實。」

麗莎覺得自己無論做什麼都受到上天的指引，潛意識的思維形成她的習慣。她定期有系統地宣誓追求接受上天的引導、正確的行為和富足的概念，因此在潛意識的促動下，她的言行舉止總是正確不偏。

他如何以退為進

我最近和一位名聲顯赫的銀行家布蘭達有一段長談。有個朋友告訴他或許可以來找我協助他戒菸。儘管半信半疑，但走投無路的他願意嘗試任何可能的方法。在談話時，我開始了解他每天都專注於如何對抗這個世界及發生的任何情況。他把每個夥伴都看做是競爭對手，鑽研他們的每一句話，認為其中隱含著不友善、狡詐。他每天早上讀報紙的商業版時，會低聲嘀咕咒罵，好像世界上的每項新發展都如一陣強風般，直直瞄準著他掃射。難怪他抽菸抽得很兇。最後，醫生告訴他必須戒菸，但他卻嗤之以鼻。直到有一天，在前往每週例行的打網球運動時一陣呼吸急促，迫使他放棄了這項運動。這事件終於讓他決定戒菸。

當然，他用處理其他事務的態度來戒菸——就像一場戰爭——結果一點用也沒有。他越認真戒菸，越容易焦躁易怒，就越覺得有想抽菸的慾望。最後弄得他整個人筋疲力竭，在工作上他開始做出危險的決定，對待上司和屬下都很壞。不久他的事業陷入危機。在我們談話的時候，他開始考慮結束這份工作。

「你就像某個誤陷一小塊流沙的人，」我告訴他，「越努力掙扎，陷得越深。不只是抽菸這件事，儘管這件事非常重要。你認為自己在對抗全世界，但其實你只是在對抗你的潛意識。每一天，你都告訴潛意識，人生充滿了爭執和敵意；每一天，潛意識都信以為真，於是創造出你所期待的情況。」

「可是我真的想戒掉菸癮。」布蘭達反駁。

「我並不懷疑你的決心，」我答道，「不過你忽略了心智的基本法則。你的渴望和想像互相衝突，結果想像總是勝利。你想像自己和抽菸奮戰，你挑起鬥爭。」

「或許如此，」他說，「但是現在我要積極戒菸，絕不能輸。我說的是吉凶未卜的人生和健康。我就是要贏得這場戰爭，對吧？」

我深深呼一口氣。這件事談何容易。「你必須投降，」我告訴他，「放棄。中止鬥爭。」

「不，我絕不會放棄！」他脫口而出。「倒下來裝死？絕不！」

「我沒有說裝死，」我平靜地說，「你必須要做的事，是找到神奇力量的道路。那條道路的入口位於鬥爭的相反方向。」

突然間他的肩膀垮了下來。「我不懂，」他低聲說道，「但我願意嘗試任何戒菸的辦法，現在我該怎麼做？」

他找到溫和的戒菸方式

在我的建議之下，布蘭達一天兩次自我反省，第一次在起床時，第二次是臨睡前。他坐在安靜的地方，平靜從容地呼吸，直到感覺自己變得放鬆和善於接受。然後他宣誓並想像這樣的事：

現在我的心靈是自由與平和的。我知道當我相信和宣誓這些事實時，它們就全部進入了我的潛意識中。我會在制約之下放棄香菸，因為潛意識的法則是對我的制約。在想像之中我看到醫生站在我面前，他剛剛幫我做完檢查，恭喜我擺脫了抽菸的習慣，我的健康狀況好極了。

在進行反省時，他從潛意識中得到答覆。抽菸的渴望消失了。因為保持這樣的習慣，他已經成功把這樣的思想和想像輸入較深層的心智。下一次去看醫生時，他也得知令人擔心的症狀已經消失。他的身體非常健康。

布蘭達對待潛意識的新方法也有更廣泛的效果。他在工作上更冷靜、更專業，他的商業判斷技巧改善了。他現在體會到這是安靜的心智在安排一切。雖然距離他最後一次有抽菸的渴望已經過了好幾個月了，他仍繼續一天兩次自我反省。他使身體平靜下來，告訴身體要安穩放鬆，這是服從內心的指引。當他的意識安靜、平和、安詳且包容時，潛意識的智慧便升到表面，最佳答案和解決辦法就會傳遞給他。

放下一切交託給上天的財富

有一位心理醫生希薇亞，她和以前的病人牽扯進一件糾葛不清的法律官司。複雜的文件往來和頻繁的法院出庭耗盡了她的時間和能量。當她努力認真處理這些事情時，卻發現自己沒有空去過自己的人生。終於，她領悟到她忽視了自己所擁有的最大力量。於是她轉向潛意識的能量，這麼祈禱：

潛意識的神聖智慧與正確行動為我解決這個問題。我放下問題，隨遇而安。

每當她必須和律師或其他牽扯到這件案子的人接觸時，她會默念：

我內心的潛意識是有智慧的，會以神聖的方式處理這一切。我不會監督潛意識力量的運作方式，監視如何、何時、哪裡，或是解決問題的資源等等。我會放下一切，讓上天來處理。

她的心智展現了新的態度，後續發展很有趣。她以前的病人來認錯，請求她的原諒，訴訟很快被撤銷。在上天的調解之下，她免於所有的法律牽連。

你可以擁有美好的未來

不要浪費能量和活力在擔憂過去的氣惱、怨恨和牢騷。這樣做好比掘開墳墓——你所找到的只是骷髏。把注意力集中在人生的美好事物。領悟到未來將是美好的，因為和諧的思想會發芽和生長，產生美味可口的果實：也就是健康、快樂、富足和平靜的心。

在「過去」下面畫一條粗線，然後翻頁。絕不要在精神上接觸任何過去發生的負面經驗或創傷。要堅持這樣的態度，並且明白當你改變想法，並且保持這個改變時，你一定能改變你的命運。

她的祈禱帶來了財富

安娜來找我時看起來很焦慮，一副幾乎要抓狂的模樣。她的十八歲兒子在和父親爭吵之後已經離家出走。他休學，寫信說他計畫加入一個異教。安娜因而焦慮發狂，醫生開很多鎮定劑和抗憂鬱劑給她，幾乎每天晚上她都要靠安眠藥才能入睡。

在談話過程中，我試著舉出幾個簡單的道理。「你兒子不屬於你，」我告訴她，

「是的，他來自你，但不屬於你，每一個生命都屬於自然的法則。我們都是上天之子，屬靈的天性。你的兒子在世間成長、發展以及克服困難、挑戰和問題。他必須為自己找到內心的力量。對世界發揮他的天賦是他的職責。你無法透過精神上的激勵、生氣和憤慨來幫助他，唯有透過愛、諒解和正確的行為來幫助他。」

在談話結束時，安娜已經決定完全放手。懷著真誠、衷心以及深刻自信，她堅定的說：

我把兒子完全交給上天。上天帶領他的道路，上蒼的智慧開啟他的智力。在他的生命中，上蒼的法則和指示支配著一切。他被引導到真正屬於他的地方，以他最高的水平表現自我。我放開他，讓他自由。

她繼續堅持這個禱告。一天兩次，她為兒子和自己祈求平靜、和諧、歡樂和上蒼的愛。幾個星期之後，她接到兒子打來的電話。他對他的新「朋友」不再存有幻想。他體會到他們唯一的目標是把他的思想塑造成適合他們的思想。他們沒有讓他找到自己，做自己。他決定返回學校，期望能在那裡學習到更多遠古的智慧精髓。

從那時起，安娜的兒子在學校都維持很好的成績。他也開始每天冥想，並寫下一些沉思時想到的想法。他時常與父母溝通，而他的母親也不再有佔有慾。她已經發現上天的愛和自由的財富。

當安娜停止思考環境和情況的問題後，她開始發現內心也不再有這樣的問題。如此，她可以依據上天的法則和指示來行事，然後她讓潛意識的智慧來照顧一切。

如何富裕地思考

要習慣而有系統地思考人生、教化、激勵、和諧、豐富、快樂、平靜和更富足的人生。思考這些真理，而不要考慮所發生的情況。碰到特定的案例時，信任潛意識的效力可以為你找到最適合你的方式。這是進入富裕人生的神奇方式。

獲得信仰力量的冥想

使用以下的冥想有助於你獲得信仰的力量：

我了解不論昨天是如何匱乏，今日我的祈求或對真理的宣言會超越過去，飛升而起。我緊握著祈禱被回應的喜樂。一整天，我都在光芒中行走。

今日是屬於上蒼的，是一個榮耀的日子，今天充滿平靜、和諧和喜悅。我對富裕的信念銘刻在我心中，成為我內心的一部分。現在我完全相信上蒼的完美法則，我的渴求已經被默許，我將會被所有善美富足的事物所吸引。現在我完全把信任、信心和信賴交託給內心的力量。我內心寧靜安詳。

我了解我是宇宙的客人，上天是我的主人。我聽到神聖的邀請：『凡勞苦擔重擔的人可以到我這裡來，我就使你們得安息。』我在那裡安息，一切完美而圓滿。

本章牢記要點

1. 所謂「相信」，就是接受某件事是真實。信念決定了一個人的成功和失敗，富裕和貧窮，健康和生病。信任潛意識無盡財富的力量，你將會親身體驗到。

2. 當你的問題好像解決不了時，真誠地為一位生重病或有大麻煩的人祈禱，這可打破緊繃的狀況。突然間你會發現自己的問題解決了。

3. 為所愛的人祈禱時，千萬不要同情疾病和病痛的任何部分。領悟上蒼的療癒力量會貫穿所愛的人身上，帶來和諧、健康、平靜和歡樂。想像所愛的人容光煥發和快樂的模樣。安靜地沉思這些真相，然後在內心的引領下再度祈禱。以這種方式祈禱會產生奇蹟。

4. 「同情」意謂著和其他人一起走進流沙，而這對生病的人沒有幫助。憐憫生病的人，給他輸入信任、自信和愛，因為只要跟著上天的指引，一切事情都有可能。

5. 你的思想是有創造力的，而且每種思想都會自我證明。你可以像駕駛車子一樣地控制思想。思想就是事實。財富、成功和成就的思想就像磁鐵一樣，會吸引到符合理想的事情。

6. 安靜的心能完成一切。告訴你的身體要靜止，透過思考潛意識無盡的智慧使心安靜，這樣就會知道答案。當意識心智很安靜，身體放鬆，潛意識的智慧會升到表面。

7. 好的執行者知道如何委託職權。在使用心智時，你必須是好的執行者。以信仰和自信把需求轉到潛意識，你會得到適當的答覆。當成功地轉化時你會感覺得到，因為你會發現自己很安靜祥和。

8. 讓自己的心智獲得自由和平靜，放棄吸菸或任何壞習慣，同時想像一位朋友或醫生恭喜你獲得自由。當你宣誓並想像對香菸起反感時，潛意識會接管並強迫你擺脫那個習慣。

9. 許多人已經發現，嚴重的家庭問題應該要交託給上天，相信上蒼的智慧和智力會產生最好的解決辦法。心裡想著「我放下一切，讓上天來接管」，將會帶來完美的解答。

10. 放下過去，絕不要老是想著以前的不滿或怨恨。未來是你當下思想的實踐。時常有系統地冥想和諧、美麗、愛、平靜和豐富，你會有美好的未來。

11. 我們的孩子並不屬於我們。當你和孩子之間產生問題時，祈禱：「我把孩子完全交給上天。我的孩子一路由上蒼帶領。上天之愛會照料我的孩子。」每當你想到孩子時，靜靜地祝福他，明白「上天愛我的孩子，照料我的孩子」。如此祈禱，就會有好事發生。

12. 思考潛意識裡無窮盡的財富。思考和諧、平靜、歡樂、愛、引導、正確行為、成功——所有這些是人生的原則。當你想到人生更富足時，內心潛在的力量活動起來。潛意識會強迫你在這裡，在現在過著富足的人生。思想就是事實。

13. 運用冥想讓自己得到信仰的偉大力量。

3 為什麼有錢人會越有錢——加入他們之道

財富是你的頭腦。你可以引導自己履行心中的慾望。財富是知覺狀態，一種精神態度，財寶的採納無限。在你出生時世界已經存在。生命是一份禮物。你來到這裡是為了體驗生活，發揮暗藏的天分。

一旦你有能力碰觸到潛意識的想法，所有的好事都會發生。無論是健康、心境的安寧、真實的表示、朋友的陪伴、一個可愛的家，或是你想要做任何事所需要的金錢，你都不會有所匱乏。潛意識給你無限力量，關鍵在你自己的想法。你的想法是有創造力的，從現在開始要經常有系統地思考成功、成就、勝利、豐盈和美好的生活。思想會促成一切。

她的思想畫面就是財寶

幾年前我加入了一次西班牙和葡萄牙的旅行團，遊覽許多風景名勝。團員一共有三十人，其中有一個年輕女子名叫瑪麗亞。在第一站的歡迎派對中我向她自我介紹，她張大了眼睛。

「您是否就是寫《潛意識的力量》的那個人？」她激動地問。「多虧有您，我才有這次的旅行！」

她解釋她一直想到西班牙遊覽，她的祖先最初來自馬拉加，也就是我們預定參觀的其中一個地方。然而這樣一趟旅行的費用超乎她的能力。長期以來她一直摒除這個想法，認為絕不可能。然而，當她聞悉美妙的潛意識力量後，她下定決心嘗試一下。

她的第一步是收集關於西班牙旅遊的小冊子和雜誌文章。在閱讀時她看到一個神奇的畫面，那是一張馬拉加麗都旅館的照片，十分吸引她。她認定這種吸引力必定從潛意識而來。於是每晚臨睡之前，她會集中心神在圖片上，然後開始夢想，讓自己的心境沉浸在安寧的世界裡，想像她在那家旅館裡，想像房間的模樣、窗口外的景致、露台上的美食佳餚，任何細節都不放過。

在她如此做了大約一個星期之後，有一天，她偶然帶著一份旅遊資料到辦公室。趁離開吃午餐前，她粗略地瀏覽了一下，結果一個她不熟識的年輕男同事看到了，便說他也很想去西班牙。於是他們一起出去吃午餐，聊著聊著竟發現彼此有很多共同的興趣。很快地兩人便開始約會。他們訂婚的時候，瑪麗亞的伯母告訴她，她打算替新婚夫婦支付蜜月之旅，當作新婚禮物，她還特別建議了一個西班牙的行程。

「您看！」瑪麗亞總結，「我不僅欠您這個遊覽西班牙的機會，我的婚姻也多虧了您！」

我微笑。「你什麼也不欠我，」我說，「你要感激的是潛意識的力量，以及你懂得利用它的智慧。」

瑪麗亞的故事說明了潛意識的想法如何運作。不論你想什麼，它總是會幫你擴大。她想像到馬拉加旅行，結果不僅如此，還展開了一段美好的新戀情。潛意識會給你複利。不論你想什麼，它都會幫你擴大，並且倍增。瑪麗亞的思想畫面證明了那就是她的財寶。

他怎麼援用了增量法則

在我前面提到的那次西班牙旅遊中，我們參觀了塞維亞市，它是那個國家最具有典型西班牙風味的城市。五十多萬人居住在這個歷史豐富的城市裡，過去曾有腓尼基人、羅馬人、西哥特人和摩爾人都在此留下了印記。塞維亞大學創立於一五〇二年，為這個城市孕育出兩位世界知名的偉大畫家，麥麗諾和瓦拉斯奎思。

我們的導遊是一個友善聰明的年輕人，有詳盡的城市和文化知識，非常風趣幽默。從旅館走到大教堂的路上，我問他：「你的英語是在哪裡學的啊？你講話像土生土長的美國人。」

他咧嘴笑了。「因為我是美國人，」他說，「我在紐約皇后區長大的。」

「好，那我重新問一次，」我說，「你的西班牙語是在哪裡學的？你講話像本地人一樣。」

「那是一個有趣的故事，」他回答，「我媽媽是西班牙塞維亞本地人，我爸爸是空軍，駐防在這裡，兩個人就這樣認識了。她跟我在家總是說西班牙語，當然，紐約也有很多講西班牙語的人，因此我有大量機會練習。」

「我明白了。」我說，「但是你怎麼想到來這裡？」

「從小我就想在歐洲當導遊，」他告訴我，「其他孩子在讀懸疑故事時，我在讀旅行指南。我喜歡地圖。我會做白日夢，想像自己走過一個個偉大的城市，看見所有歷史建築。十四歲時，我決定必須做某件事讓我的夢想成真。如此我在一張紙上寫了我的想法。我說我想學會法語和德語，因此我可以在西班牙附近導遊許多不同國家的人和其餘歐洲的人。我把紙條夾在錢包裡，有空的時候就拿出來讀。我告訴自己這不是夢想，是還沒有發生的現實。」

這個年輕人的說法深深打動了我。他並不清楚自己在做什麼，他只是碰巧遇到了有效的祈求方式。

「那麼此刻你在這裡，帶著我們四處遊覽，證明了你的作法是正確的。」我說，「你的夢想是如何成真的？」

「很簡單，」他笑著回答，「簡單到我根本不會去想。我母親的親戚寫信來問我要不要到塞維亞讀高中，順便住在他們家中。當然，我立刻抓住機會。等我來到這裡之後，得知大學裡開了一門觀光導遊的課程。結果就這樣啦！」

這個導遊經常在做的禱告是：「上天將繁榮我們。」他寫下書面請求，成功地掌握住潛意識的想法，以自己獨特的方式達成目標。

境隨心轉

上天讓你貧寒，也讓你富有：你的人生總有高潮與低潮。上天掌控你潛意識的力量，你的思想也受制於此。如果你相信自己有資格獲得生活中所有的好事，例如健康、財富、愛、真實的表現和豐富的生活，你就會一一體驗到。從另一方面來說，如果你認為注定貧窮，生活中的好事不是為你而來，你就是讓自己成為匱乏、缺失、失望和自我束縛的奴役。

記住，你的想法有力量，是有創造力的。除了被某種更強大中立的力量影響之外，你的每一個想法都是在實現自我。世上的男男女女都想要獲取更多財富，享受歡悅的生活。你所體驗的一切都來自思想的律法。如果能總是往好的方面去想，不斷培養滋生這樣的概念，一個人就能因此更富裕；從另一方面來說，若一個人總是想著退縮、缺乏和侷限，他就會損失更多。潛意識的律法是要加強頭腦中所滋生的所有想法。你的想法越消極，越會吸引失敗的經驗。

開始實踐增量法則

記住，所有你在生活中特別留意的事物都會無限地增長和擴大。要特別注意這一點就是關鍵。所有的思緒都會增量。想像自己成功富裕，你就會看到財富，擁有財富。你也要祝願身邊所有的人事物成功、幸福和豐盈。因為你的祝願會為人帶來財富和幸福，上天也將會給你更多財寶。因為你祝願他人豐盈富足，別人也會感受到你的潛意識力量，而從中獲利。

你可以在心中默禱，祝福所有的人：「上天要你富足，享用不盡。你的成就將超乎夢想之外。」如此簡單的祈願，卻會讓你的生活順利成功。

如何在事業上使用增量法則

當你默默地熱切想像著豐厚、成功、繁榮和健康時，你的想法就會創造出這樣的情境。因為你集中心智，便也會自然吸引一些必要條件，讓你的夢想成真。而且你會發現自己越來越容易吸引客戶、顧客、朋友、同事及認識的人。這些人都能幫助你夢想成真。你的潛意識也會讓你被那些蒙受恩寵，富足幸運的人所吸引。

有一天我在比佛利山莊的精品店閒逛，一名穿著入時的婦女走到我身邊。她自我介紹她是羅德精品店的創業老闆。我們談了一會，她與我分享自己如此成功、顧客如此普及的祕訣。每天早晨她開店時都會下令：「進入這裡的每個人都繁榮、豐富，受到祝福，深受啟發。」她學到了偉大的真相：你也可以下達命令，上天會成就你，讓你發光發亮。

他如何失去了自己的家

一位朋友把我介紹給芭芭拉。她和丈夫住在附近的社區，離我家不遠。她向我吐露說自己非常擔心她的丈夫。他是個保險經紀人，他總是在煩惱財務問題，經常感到挫折。

「我知道他的公司經營不善。」芭芭拉告訴我，「特別是有了網路公司的新競爭對手後更慘。但是他老是在想像萬一破產了，我們家要被查封，這對他一點好處都沒有。」

她所描述的畫面讓我很憂心。「你必須設法說服他集中在更加正面的想法。」我敦促她。

「我試過，」她說，「但他聽不進去。感覺上他彷彿很『渴望』真的出狀況，如此一來他便可以說：『我不是說過了嗎？』」

一個多月之後，朋友告訴我芭芭拉的丈夫破產了，公司也沒了。他們的房子也賤價出售。一個富裕的鄰居搶購下來作為投資。

為什麼富有會變得更加富有，貧寒卻得到卑微的結果，這確實是有確鑿的依據。思維的律法非常有效。經常認為會遭受損失的人就會匱乏、失敗和破產，不可能期望繁榮和成功。富裕的人擁有成功和繁榮的潛意識，財富就像他呼吸的空氣。這是他的態度，而不是因為財富，才能讓他獲得窮人失去的房子。你不可能一面想著罪惡，一面又想著豐收，你所獲得的罪惡或豐收都超出你的想像之外。潛意識的律法是完善的，你銘記在心的事物，總是會被具體實現。窮人，我是指那些不會操作和發揮潛意識財富的人，在創造自己的貧窮。然而，只要在任何時候開始祝願，開始鍛鍊潛意識的律法，他就能夠再度吸引到富裕、成功和金錢。

明白富裕法則的回饋

你可以藉由試吃來得知一個橘子的品質；你可採用富裕法則來得知你豐沛的潛意識。一位商人對我說，滿足的資源在於他自己，無窮盡的潛意識資源反映出他的信仰。每天早晚，他祈禱：「我萬分感激上天活躍、愉悅、迷人與豐富的財富。」這位商人總是擁有足夠的資金，可以供他營運企業與開分公司。

傾聽真理即無所求

天上的主宰，萬物之靈，宇宙創造者，存在於你心中。在宇宙中，你一無所有，而上天擁有一切。你是神聖的使者，來到這裡的目的便是聰慧、審慎、積極地使用世界的財富，藉著上天的智慧處理你的財富。當你前往另一個世界時，除了你潛意識的智慧、真理、美麗，你將什麼都帶不走！你對上天的信仰、信心與信任，以及從這裡面得到的喜悅和力量，代表你將帶到另一人生旅程的真實財富。

整個世界都是供你享受的，數以千計的山丘上的牛群屬於你，悅耳的鳥鳴聲也屬於你。你可欣賞穹宇的星星、晨露、薄暮與晨曦；你可眺望丘陵、高山與峽谷；你可聞到玫瑰的花香與新割的草香。所有土地中、空氣中與海洋中的寶藏都屬於你。落地的果實已足夠所有的人們食用；自然界是慷慨、豐盈、奢侈，甚至是浪費的。

是上天的旨意讓你過著幸福美滿的人生。你應該要住華屋，穿華服，過著豐衣足食的生活，同時不斷提醒自己，上天的永恆居所有無法描述的美麗、次序、勻稱、均衡。你應該要擁有足夠的金錢，讓你可以從事想要做的事情。你的孩子應在充滿愛的美麗環境中成長，同時要教導他們明白在自己的內心深處蘊含著無窮盡的寶藏，如此一來，等他們學會敲開潛意識的寶庫大門後，未來將永遠不會有所匱乏。

如何敲開無窮盡的資源

理解了潛意識的無限資源後，接下來，可以依照下面的禱詞，啟用與增廣這個偉大的富裕法則：

上天是我的補給資源，無論我所需的是精力、活力、創意、靈感、愛情、平靜、美麗、正確行為或財富。我知道我潛意識的創造力能將一切付諸實現。我正用心挪用與體驗高價的財富、和諧、美麗、正確行為、充裕資產與我心靈深處的財富。我精力充沛，信譽卓著。我每天都能付出更多。上天的資源總是源源不斷，永遠流到我身上。以上所言已深植我的潛意識中，且充裕地、無慮地、平和地湧現。真是太美好了。

如同你在潛意識裡播種，現在你要收割了。

每日豐富人生的冥想

假如每天你重複下列的冥想，將使你更快且更容易得到豐裕的人生：

我知道上天以所有方式讓我成功。現在，我正過著豐富的人生，因為我相信豐富之神。我有提供我美麗、富裕、榮華與和平的補給。我每天體驗上天的碩果；現在我接受我的美好；我走在順境的光明裡；我是祥和的、沉著的、誠摯的、冷靜的。我享有人生該有的資源；每分每秒我的需求都獲得滿足。現在，我帶著「空瓶」給上天。上天將填滿我人生的每部分。「上天的一切就是我的。」我欣喜的確如此。

本章牢記要點

1. 有錢人更有錢，原因在於他很清楚且明白財富的所在，並期待著能得到更多上天的財富——那財富不僅無所不在，還能為心裡懷抱著如此想法的人，吸引到更多的財富、健康與機會。
2. 心裡想像著富裕的畫面，就會產生財富；心裡想像著旅行的畫面，就有機會實踐。一個年輕女士想像著自己在西班牙一家旅館裡的畫面，她的潛意識不僅讓她達成心願，更把她所想像的旅行擴大成一場蜜月旅行。你的潛意識總是會擴大實現。
3. 一個十四歲男孩寫下他的夢想——到歐洲去，同時研習導遊的課程。他持續地默想他所寫下的夢想，最後成功了。他的潛意識智慧牽動了他親戚的心智去滿足了他的慾望。
4. 你要意識到上天的財富就在你身旁。活在美好生活的期盼中，而且，依據吸引力的定律，在你的潛意識裡，你將會吸引上天寶庫裡的財富。務必持續地想著繁榮、豐盛、安全與增加。
5. 任何你所關注的事情，都會在你的經驗中成長、擴大與加倍。讓你的心思關注在那些宜人且美好的事物上。散發豐盛、善意和財富給別人。他們會在潛意識下接收到，如此你將會吸引到許多貴人進入你的生命。你們會相提攜且互惠。

6. 有錢人行走於一種境界：財富如同他們所呼吸的空氣。以此心境，有錢人吸進更多各種財富。反之，一直想像且談論匱乏、破產和困頓的窮人，則往自己身上吸進這些特質。

7. 藉著重複及相信以下的禱告：「我感激上天的財富，那是活躍的、愉悅的、不變的與永恆的。」你可得知上天寶庫裡的財富。

8. 上蒼慷慨地給你享受宇宙萬物，生命本身即是給你的禮物。在你出生前，整個世界已存在。相信與期盼上天的財富，最好的總是會來找你的。當你演練這簡單的真理，你人生的沙漠會是歡喜的，如同玫瑰盛開。

9. 重複此章結尾的冥想，以增強你的能力去創造一個豐富的人生。

4 如何主張屬於你的無窮財富

幾年前的五月間，我到愛爾蘭、英國和瑞士旅行。在愛爾蘭時，我到基拉尼去拜訪我的一個親戚。基拉尼是世界美景之一，幾世紀以來，詩人、藝術家和作家力求去捕捉那兒五顏六色和雄偉的翠綠山景，以及被蔥鬱的樺樹、橡樹與野草莓所環繞的碧綠湖泊。

就在此鄉間美景當中，親戚向我傾訴了有關他女兒的傷心事。瑪莉（假名）這陣子體重遽減，她拒絕進食，除非父親強迫她。當地醫生給她注射肝臟營養針和維他命，現在也宣告無用了。他們帶她去都柏林看精神醫生，然而她拒絕和醫生談話。父親難過得不知該怎麼辦。

我和瑪莉長談了三次。第三次時，我們坐在一塊石頭上，眺望著遠遠的湖水，然後我問她：「瑪莉，你是不是想要報復你父親，想向他討回公道，因為他偏愛哥哥勝過於你？」

她用受傷的眼神瞪著我，接著，脫口而出：「我恨他！我恨他！他聽不進半句關於尚恩的壞話。尚恩自己溜去了都柏林，在大學裡過著好日子。而我卻待在家裡，照顧著屋子，但是，我從未聽過一句好話，除了：『你為什麼不這樣做？』等我走了以後他才會知道後悔。」

我溫和地說：「但是，瑪莉，上天要你過著快樂和豐富的人生。你的身體是上天的神聖殿堂。可你卻拒絕好好對待它，這比放火燒教堂還要嚴重得多。」

她抗議道：「我從沒想過做那種事！」

「或許沒有，但是，你正在做。」我回答說，「你拒絕進食，就是在摧毀你的身體，那和自殺沒什麼不同。這真是你想要的嗎？」

她搖搖頭。當她轉身離去時，我看到她熱淚盈眶。

父親看到了傷心的錯誤

我進屋內和她父親單獨談談。我告訴他她所說的。他滿臉羞紅，而且開始咒罵。他大罵他一生辛苦地養育著一個忘恩負義的孩子，打從她一出生起就是個禍害。

「你為什麼這樣說？」當他停下來喘口氣時我問道。

他瞪著我，好像不記得我是誰，或者我在那兒做什麼了。「她害死了凱蒂。」他用毫無感情的聲音說，「從那時起，我沒有片刻寧靜與歡樂過，除非等我被埋進墳墓裡，再次躺在凱蒂身旁。但願那天快點到！」

我想起凱蒂是他太太的名字，她生瑪莉時，難產死了。我明白從那時起，他扮演著這傷心的角色，因為那可怕的意外而責怪一個無助的孩子。現在，他正面臨另一個更悲慘的危機，而原本這是可以避免的悲劇。

「你想凱蒂會怎麼說，」我問道，「假如她知道你恨那個她帶到世上的孩子？而那仇恨可能會害死瑪莉。她會同意嗎？她會認為那是懷念她的好方法嗎？」

好一陣子他握緊拳頭，好像他認為搥我一拳能解除悲痛。然後，他把臉埋進手裡，開始哭泣。他流著淚說：「並不是我對瑪莉一絲溫情都沒有，但每當看到那張酷似她媽媽的臉，就讓我心碎。可是每次想到要對她釋出溫情，總覺得是背叛凱蒂。」

「不是背叛，」我說：「是讚美。讓她媽媽以她為榮，讓瑪莉、凱蒂和我們全體永恆不朽。」

我把瑪莉帶進屋裡，父親向她道歉並祈求她原諒。他表達了對她的愛、感激與溫情。當然，她很遲疑，不敢相信他改變如此多，但是，他繼續表達且聲言對她的真愛，他傾出了上蒼的財富，而她，對他軟化了。

過去那段日子瑪莉一直悄悄告訴自己：「我認為我必須餓死。沒人愛我。只有透過這種方法，爸爸才會在乎我。」現在，帶著父親的愛，她也能體驗對自己的愛了。那晚，我好開心看到她吃了豐盛的晚餐。

愛讓人獲釋；愛是給予；它是上天的精神。愛打開監獄之門，釋放囚犯與那些被恐懼、怨恨與敵意困住的人。

改變她人生的祈求

我知道我的身體是上天的住所。我引以為榮且讚揚上蒼在我體內。上天的愛填滿我的心靈，和平之河總是流過我心靈。我高興地吃，那將轉變成美麗、和諧、完整與完美。我知道上天需要我，爸爸和其他人愛我、需要我、想要我、感激我。我總是對每個人流露出愛、平靜和善意。我的飲食是上天的旨意，那呈現出我的內心深處，讓我強壯、完整與充滿上蒼的精力。

現在，瑪莉每天數次以此真理填滿她的潛意識心靈。在最近一封她的來信中，她告訴我，她和鄰居一位充滿理想抱負的年輕農夫訂婚了。信上是對新生活與內心喜悅的憧憬。她真正體驗了上蒼的富有，像是愛、婚姻、內心平靜與豐盛。

真理的財富更具威力

離開愛爾蘭的親戚後，我要我的司機取道格蘭達洛，「雙湖的勝地」。在這兒，十六世紀時，聖凱文創立了一座修道院，很多人去參觀他的聖地，希望他能治癒許多種疾病。

我的司機告訴我，依據他最早的記憶，他結巴得很厲害。在學校，同學們取笑他，叫他「小結巴」。雖然經過都柏林和庫克城最好的語言治療師和心理學家的會診，狀況並未減輕。「後來，在我八歲時，」他接著說，「我爸帶我去格蘭達洛。他把我放在聖凱文以前住過的房間。他告訴我：『在這兒睡一個小時，醒來時，你的口吃就會好了。』」

我迫不及待地問：「後來呢？」

「當然好了，我知道我爸不會騙我的。」他回答說，「我照他說的去做。我在那間屋子裡睡覺。醒來時，我的口吃真的好了。從那時起到現在，我從未再口吃過，一點也沒！」

治癒他的真正原因

我沒打斷這位年輕人的迷信，因為是他的潛意識積極釋出治癒的能量。一個八歲小男孩是很容易受影響的。奇蹟般的治癒激起他的想像力。他被告知要遵守奇特的儀式時，無庸置疑，他百分之百地期盼聖凱文會為他求情。也的確如他所相信的那樣。

真理與迷信

「真理」是你明白上天知悉你身體所有的構造與功能——因為是祂創造了你——所以能治癒你。當你刻意啟動潛意識的治療力量，知道且深信會有反應，就會有結果。換言之，真理是意識與潛意識為特定目的科學導引的結合。

「迷信」是相信護身符、咒語、法寶、聖人的骨頭、聖地、治癒的水等等。換言之，是盲目的信仰。結果是，治癒效果是暫時性的。

生病的人，我會勸他去找醫師幫忙且繼續禱告，不只為自己，也為醫師禱告。

以醫師為榮，因他善用所長，因上天創造他。因為他高超的治癒效果，他應得到上天的榮耀……上天從地球創造藥物，聰明人不要厭惡它……上天給人們技能，祂將以祂了不起的工作為榮。

孩子們，生病時不要疏忽，且向上天禱告，祂會讓你痊癒……然後，交給醫師，因上天創造他，讓他不離棄你，因你需要他。只要醫師一接手，就會成功。他們也要向上天禱告，他會成功地帶給病人舒適與治療以延長生命……

當你為健康禱告時，健康會快速地湧現。假如沒有，就得立刻採取行動去找醫師、牙醫師、復健師或外科醫師，看哪個最合適。切記，假如你一直走在上天的愛與祥和潛意識裡，你不會生病的，但是，我們偶爾會有小恙。假如你的牙齒痛時，我建議你立刻去找牙醫師。禱告上天的指引，上天的法則會操縱你的生命，而且你會滿意你新的假牙套。

為何他沒體驗到無窮的療癒財富

我一個住在沃特福的愛爾蘭朋友羅傑，安排我去參觀生產著名水晶玻璃的沃特福玻璃工廠。觀賞技藝純熟的工匠把原料吹成厚實又閃閃發亮的玻璃，真是令人震撼！其中一個工人拿起他正在做的花瓶，切割水晶玻璃以採光。接著，那鑽石般的凹凸圓形琢面閃爍出無法形容的美。

我注意到羅傑拿著枴杖很困難地走路。我問他是否採取適當的醫療行為以改善他的狀況。

「有啊！」他答說，「我按時注射可體松，我每天吃止痛藥。管用，雖然不大。教教我吧！我知道你是這方面的專家。去年，去蘇格蘭參觀時，我去參加了一個教會治療會。裡面有好多人，每個人都好激動。好多跛子不需要用枴杖了，有聾子第一次可以聽到聲音了，我甚至親眼看到一位女士的腫瘤縮小了。」

「你呢？」我問，「你的效果如何？」

「那是最奇怪的地方，」他答說，「那位治療師碰到我時，我覺得全身震動。多年來，我第一次不用枴杖走路而不覺得痛。但是，第二天，我又像以前那樣跛腳了。」

他得到暫時性的療癒

「我想我可以這麼說，」我告訴他說，「群眾的壓力、耀眼的燈光、音樂、吟誦與煽情的氣氛，讓你處於易受影響的狀況。當所謂的『治療師』把手放在你身上時，他可能巧妙地操作你的腿，藉耶穌基督之名來治療你的腿，然後叫你站起來走路。」

羅傑驚訝地看著我：「的確如此！」

「在那種情況下，」我繼續說，「你的潛意識發揮力量讓你暫時不用枴杖走路。同時，你接納了一天不痛的催眠。這就是發生在你身上的事了。」

復元之路

羅傑開始正視他沒觸及的原因。他開始明白，真正、永遠的治癒來自原諒、愛心、善意、心靈，所有這些才是真正治癒的力量。他承認，對於很多人，尤其是那些沒有跛腳的人，他對他們滿懷敵意、不安、埋怨和憎恨。他開始明白消極的情緒導致這樣的情況。我建議他和醫生合作，並且禱告祝福他。他答應了。

受關節炎之苦的朋友的祈禱

因羅傑的要求，我寫下：

我原諒自己對我和他人懷有負面與消極的想法。我完全原諒每個人，我誠心希望他們健康、快樂與福氣。任何我不喜歡的人一閃入我腦海，我會立刻聲言：「我放開你。願上天保佑你。」我知道當我原諒了別人，我心無罣礙。上蒼治癒我，天地祥和貫穿我。我知道上蒼的愛提升了我，融化一切。上天的治癒之光凝聚在我心靈的問題所在，摧毀它，為聖靈鋪路以永存。我感謝我正痊癒中，因為我知道所有治癒來自上蒼。我知道上蒼正指引著我的醫生，祂所做的一切將保佑我。

每天他都慢慢地、悄悄地複誦此真理，並感覺日日夜夜這些心靈感應一直進入他的潛意識，沖掉盤踞多年的惡意的、毀滅性的思考模式。他的第二封來信說他的醫生好訝異他的進展，正計畫推薦他去找物理治療師做復健，練習不用枴杖走路。他正走在真正的心靈治癒之道上，因為所有的治療都來自上天。

信仰的財富在人生中付紅利

距庫克城數哩外，有一頗負盛名的地標，布拉尼古堡，以其外牆的「布拉尼石頭」聞名。據說，如果親吻「布拉尼石頭」，會帶來「饒舌之天賦」。因為這個傳說，「布拉尼」Blarney這個字便具有「討人歡喜的言語，不具敵意的哄騙」的意思。來自世界各地的人們到此親吻「布拉尼石頭」。這並不是一件容易的事。你必須躺下來，抓著鐵欄杆，在令人卻步的瀑布上向後探出身子。但是，事後，你將會具備不可思議的演說能力。

當我參觀那古堡時，我和一位愛爾蘭神父交聊了起來。當我提及「布拉尼石頭」的傳說時，他說：「你不該嘲笑這傳說。我自己就是證據。」

「啊？」我說，「怎麼說？」

「當我初當神父時，我的演講實在枯燥極了，」他承認，「該我去佈道的時間，教堂幾乎是空的！我甚至開始質疑我的職業。後來我到這裡參觀，為此而親吻那塊石頭，果然，我的佈道改善了。現在，叫我雄辯家還綽綽有餘。當我佈道時，有好多人來聽。正如福音所說：『所有皆可能，只要相信。』」

任何地質學家都會告訴你，石頭就只是石頭，甚至那只是有名的古堡外牆的一部分，是沒有能力賦予人們雄辯或說服力的天賦的。雖是如此，親吻那石頭或許有效，如同對那位神父而言。怎麼辦到的？因為，我們的信仰與期盼激起潛意識深處休眠的力量。那力量一直都在那兒，等待著我們去認知與利用。

心靈洞察與理解帶來立即財富

另一個我造訪的愛爾蘭景點是凱里環線的頓樂峽谷。騎在壯碩的凱利小馬上穿越峽谷是令人難忘的恐怖經驗。在冰河時期末期，冰河在群山環繞的山丘上刻劃出一條小徑。瑞克山的高聳峰頂、山頂上變化多端的陰影、寂靜荒涼的綿延峭壁令我難忘。

我的旅伴中，有一個年輕的英國人，名叫貝索。我們到達連延峽谷的半路上，他氣喘得好厲害。幸虧他準備齊全，隨身帶了醫師處方的吸入器、腎上腺素皮下注射器，以備氣喘嚴重時所需。

當他的氣喘緩和下來時，他透露說自己每天都是這樣，幾乎都是在中午時發作。

「我有家族性的氣喘，」他加以說明，「我父親一生被氣喘所苦，他因氣喘過世時，我就在場。那真是好恐怖。」

我覺得很困惑，便問道：「你不是說過你是被領養的？」

「是啊，沒錯，」他同意，「我嬰兒時就被領養了。」

他似乎沒留意到他想法的矛盾。他把自己的氣喘歸咎於遺傳，然而，他卻告訴我他是被領養的。當然，那排除了他罹病的遺傳因素。

如何減輕心靈與情感的干擾

稍後，休息時，貝索和我走到一旁，我們深談了一會。我明白地質問他先前我所察覺的矛盾。一開始他爭辯，但後來他承認他恨他的養父。

「那是為什麼？」我同情地問，「發生了什麼事嗎？」

「是啊，發生了一件事。」他答道，「那時我應該是十二歲，我做了讓他生氣的事，真的是件瑣事。結果他告訴我：『你不是我兒子，你是人家丟棄的私生子。我把你從水溝旁撿回來，給你一個家，而你卻這樣回報我的仁慈！』」

我好震驚：「那是你第一次得知你是被領養的？」

「正是。」他眼裡閃著淚光，「我因此很恨他。但是他是對的，我用生氣和憤恨回報他的仁慈，他指責的一點也沒錯。」

「你認為他是在盛怒下告訴你那麼重要的事情，是很仁慈的作法？」我問道。

「不，我想不是，」他慢慢地說，「但是，我應該是個很麻煩的人，否則他不會那樣！」

在他青春期，貝索否認對養父的生氣與憤恨，但是，那生氣與憤恨卻隱藏在他心靈深處。負面與毀滅的情緒遲早會爆發的。當養父過世後，他便拿老人家的氣喘症狀當成對自己罪惡的處罰。

我向他詳細解釋這個道理。然後，我指出顯然他深恨自己是個私生子，但是，在上天的眼裡，沒有任何人是私生子。真正的私生子是那些有負面想法，不遵守金玉良言，不相信上天之愛的人。他的症狀愈來愈嚴重，因為他覺得他該承受自己的卑劣與自棄，加上對養父的憎恨與敵意。我指出養父為他已竭盡所能了，他應該努力去原諒他脫口而出的傷人話語。

貝索立刻就懂了。在剩下的行程中，他很安靜，陷入沉思中。我們到達凱里的旅館時，我給他一本《潛意識的力量》，並為他寫下每天的禱告。我也建議他繼續和醫生合作。

這是我給他的禱告：

在神聖的心靈裡，面對上天，我完全原諒養父與親生父母。我原諒我自己，因為我對自己和別人懷有負面與消極的想法，我決定不再如此做。快樂平靜而幸福。無論何時我一有負面的想法，我會立刻宣告：『上蒼的愛充滿我的心靈。』我是放鬆的、泰然自若的、安詳的、冷靜的。上天指引醫生照顧我。萬能的呼吸給我生命，我知道上蒼對我呼出生命的呼吸，讓我成為活著之靈，擁有所有能力，因為我與天地合一。我吸入天地的安詳，呼出上蒼的愛，來自宇宙的和諧、喜悅、愛、安詳、完整、完美穿越我身。

我建議他，每天早上、下午、晚上，花五分鐘複誦這偉大的真理，而且，千萬要小心別否認自己的誓言。當可怕的想法或徵狀來時，他要悄悄地說：「我吸入天地的安詳，呼出天地對萬物的愛。」

回到加州的家不久，我收到一封他的溫暖來信。從我們談過後，他已完全不再受氣喘之苦了。真的，只要找出原因，常常就能治癒。

原諒的財富

到了英國後，我去參觀莎士比亞故居，那兒仍保留著原有的氛圍，想必和那永垂不朽的詩人兼劇作家在世時相去不遠，而這樣的環境想必曾深深影響了他的一生及其作品。在華威一家歷史悠久的旅店午餐時，我和一位名叫瑪格麗特的年輕女士同桌。她說自己是位醫院的護士；我則告訴她我撰寫有關人們心理與心靈方面的問題。她聽了之後便告訴我，過去數月來，她深受頑固的皮膚疹所苦。她諮詢過醫院的皮膚科醫生，他們也開了各種乳液與藥膏給她，但都無效。

「我確定一定是心理作用，」她說，「但是，現在知道這些也毫無益處，不是嗎？」

「那要看什麼而定，」我回答說，「身心疾病的專家說過，皮膚是內在與外在世界的交會。依據他們的說法，很多皮膚的狀況是負面情緒所引起的，像是敵意、憤怒。換言之，皮膚的功能就如同一種排泄器官。由壓抑情緒如罪惡感、焦慮、自責所引起的心靈毒藥，即轉變成生理上的症狀。」

她陷入了沉思。

「那真有趣。」她說，「你會在英國待很久嗎？假如可能，我想和你談談。」

「可以的，沒問題。」我說。我們挑了個日期和時間，我給她卡斯頓街上聖艾密旅館的地址；只要我到倫敦，就下榻那兒。

皮膚癢與皮膚疹的原因

幾天後，瑪格麗特和我坐在旅館大廳的一個隱密角落。我坦白地說我感到她對某件事感到羞愧，而且相信自己應得報應。潛意識裡滿貫的壓抑情緒會在生理上表現出來。假如她承認且洗滌腦中邪念，那搔癢症狀便會消失。

她很尷尬地看著別處說：「是有件事。我結婚了，我先生被派到國外，過去十四個月以來，我只見過他一次，放假日。」

「哦？」我說，「你一定很辛苦。」

「是啊！」她回說，「嗯……醫院裡有一位醫生，他很有同情心，我們開始在外面約會……我必須說完嗎？」

「假如你說完的話會比較好。」我告訴她。

「好吧。」她臉紅了。「我們有了性關係。」

她接著說她覺得充滿自責與罪惡感，她確信她的皮膚疹是上天給她的懲罰。

原諒自己帶來安詳與解脫

我向瑪格麗特解釋，上天（或生命本源）從不懲罰任何人。人們因自己的錯用心智而懲罰自己。例如，假如你割傷自己，生命本源會開始叫出凝劑，主觀的智慧會搭起橋樑且形成新的組織。假如你燒傷自己，生命本源毫不記恨，但是會努力使你的皮膚消腫以恢復正常，給你新的皮膚與組織。假如你危害自己，生命本源會讓你回頭。它總是努力讓你恢復健康。生命本源的傾向是去治癒、恢復與讓你健康。

身為護士，瑪格麗特馬上明白這些。然後我問她：「你想擺脫皮膚疹的痛苦？」

毫不遲疑地，她說：「是的！」

「那麼，」我說，「這就沒問題了。你該做的是停止你目前正在做的，而且，原諒自己，那你的麻煩就沒了。」

我們談話還沒結束，瑪格麗特已決定切斷和那個醫生的關係，而且停止自責。

當我向她解釋自責與自我批判是摧毀性的心靈毒藥，那會影響整個生理系統。它們掠奪你的活力、體力、身心健康和力氣，而且，留給你生理與心理嚴重的損傷。我對她指出她需做的是讓她的思慮遵照和諧與愛的上天定律。嶄新的開始亦是嶄新的結束。

我們一起祈禱，祈求上蒼的愛、安詳與和諧充滿她整個身心，祈求上天指引她，如影隨形地看著她。在這段長長的寂靜中，我們只思索一件事：天地之愛的治癒力量。然後，我提醒她，要在內心深處牢牢記住偉大的真理：

我該做的是，忘記過去，前瞻未來，奮力向獎賞目標前進。

她追求的獎賞是健康、快樂與心靈安詳。我們的冥想結束後，她眼裡散發出內心的光芒。她告訴我她覺得悄悄地有應驗了。她的皮膚疹完全好了。

智慧與理解的財富

我在倫敦時，一個老朋友到聖艾密旅館來看我。她帶著兒子愛德華一起來，那時，他大約十二歲。聊到一半，她透露愛德華非常怕黑暗，這情況大約有兩年了。我問她兩年前是否發生了什麼事，驚嚇了這孩子。潛意識從未忘記任何經驗，甚至被我們的意識堵住也不會忘。

「咦，是啊，」她說，「那時我們住在利物浦，房子在晚上著火了。我先生必須抱著愛德華逃出去，他用他的外套蓋住愛德華的頭以免被濃菸嗆到。真是恐怖的經驗！」

「爹地想要把我悶死，」愛德華突然大喊，「我快不能呼吸了！」

這兩句話給了我們整個問題的答案。這孩子當然怕黑暗。如同他所相信的，在黑暗中，他自己的父親試圖謀殺他！

我們向愛德華解釋，事實上，他父親是試著要保護他、救他，因為吸入濃菸的危險，在火災中，濃菸比火焰往往會害死更多人。然後我們告訴他，應該對父母表達他的愛。我勸那孩子和母親，無論過去發生了什麼事，現在可以用給予重生的型態來填滿潛意識。心靈裡是沒有時間與空間的，較低層次的必須受較高層次的支配。用真相來填滿他的心靈，會把非真實的事物排擠出去。

我給那母親為她孩子的祈禱詞，我也要愛德華睡前用那禱告詞禱告。這是那母親用的禱告詞：

我的孩子是上蒼之子，上天愛他與照顧他。上蒼的祥和充滿他的心靈。他是沉著的、安詳的、冷靜的、放鬆的與自在的。上天的喜悅是他的力量。上天的治癒貫穿他，如同和諧、安詳、喜悅、愛與完美。上天給他活力、使他精力充沛、使他整個人恢復健康、美麗與完美。他安詳地睡，開心地醒。

給愛德華的禱告詞，她把「他」改成「我」，而且要他複誦：「我是上蒼之子」等等。當我回到家後，我驚訝而開心地收到那位母親的來信。「我兒子已痊癒了。」她寫著，「在他睡覺時，他看到一位聖人在夢中對他說：『告訴你母親，你已自由了。』是那樣清晰。」

這是那孩子的潛意識治癒了他。

有效祈求成功的冥想

時常冥想著以下祈求成功的禱詞：

現在，我要給我的內心深處一個成功與繁華的典範，也就是法則。現在我認定自己擁有永恆的補給資源。我聆聽內心堅定、細小的聲音。那內心的聲音帶領、引導、駕馭著我所有的行動。我與上天的豐盛繁榮同在。我知道且相信有嶄新與更好的方法來經營我的事業；上蒼的智慧對我釋出嶄新的方法。我的智慧與理解力正增長著。我的事業就是上蒼的事業。我以各種方法成功，如有神助。我內心的上蒼智慧對我釋出方法，好讓我能立刻正確地調整我的事業。我現在說出的信仰與信念為我事業的成功與昌望打開所需之門路。我知道上蒼的法則會使我內心完美。我踏著完美的腳步，因為我是上蒼之子。

本章牢記要點

1. 怨恨與敵意是心靈毒藥，它掠奪你的活力、熱忱與精力。嚴重的飲食失序是自殺的掩飾，是企圖報復某人的行為。答案是敞開胸懷，接納上天的愛，明白他人是真的愛你、在乎你，那會帶來治癒與轉變。
2. 當你開始明白你是上蒼的一部分，上天需要你，有人愛你、需要你、想要你，轉變就完成了。你開始釋出上蒼的財富，像是愛、善意、內心的祥和、豐盛。
3. 迷信常常帶來驚人的結果。派拉西索斯說：「無論你信的是真是假，你會得到結果。」一個口吃的小男孩透過想像，進入快樂的期盼與迷信，而且相信假如他睡在據說是聖凱文睡過的地方，他就會痊癒了。潛意識接受了他的信念，他就痊癒了。
4. 真正的信仰是相信創造你的天地，上天知道你身體的構造與功能，當你深信不疑地與天地合一時，結果就產生了。真正的信仰是意識與潛意識的科學化地結合。
5. 當你為健康祈禱時，健康就「迅速地湧現」。如果不是，就得立刻去找醫生，照著聖經所說的：以醫生為榮……因上帝創造他。
6. 有人參加激情的公共治療會，歇斯底里的情緒使痛苦暫時減輕。然而，那催眠只具暫時的效果。真正的治癒是意識與潛意識的認同，你需相信上天能治癒你，結果才會是永久的而非暫時的。當你為健康禱告時，完全原諒所有的罪惡、氣惱與妒忌。你知道你原諒了別人，因為心無芒刺。

7. 棍子、石頭、護身符、咒語或聖人的骨頭不具法力。但是，假如有人相信狗的骨頭是聖人的骨頭，親吻它會帶來痊癒，那麼並不是狗的骨頭有效，而是那個人的潛意識相信迷信的反應。

8. 負面與毀滅性的情緒瘋狂地堆積在潛意識裡，引起許多疾病。當人有罪惡感時，他覺得他該接受處罰。一個小男孩的養父過世時，他接納了過世養父的病症以處罰自己的罪過。

9. 以下是一段極佳的祈求原諒的禱告：我原諒我對自己和別人懷有負面與毀滅性的想法，我決定不再如此。每當我有負面的想法時，我會立刻聲言：「上蒼之愛充滿我心靈。」

10. 你的皮膚是內在與外在世界的交會。敵意、生氣、壓抑的狂怒、怨恨，這些情緒可能引起皮膚病。身心科的醫生說，自責與罪惡感會引起許多皮膚疹。

11. 生命本源，也就是上天，從不會處罰你。它會想辦法治癒你，讓你復元。自責與自我批判是摧毀心靈的毒藥，心理作用會影響生理系統，留給生理與心理嚴重的損害。

12. 下決心。忘掉過去，用愛、祥和、和諧填滿你的心靈。明白上蒼的愛融化了所有的不美好。

13. 無論過去發生了什麼事，現在你可以改變它。用賦予生命的思考模式填滿你的潛意識，排除所有的不美好。

14. 本章結尾的冥想將有助於你改善人生與增加財富。

5 奇蹟的思考模式能增加你的財富

你出生之前，整個世界，海洋、空中和地球上的財富已經存在著。想想環繞在你周圍的那些未知財富，等待著人類的智慧去挖掘出來。在美國，如今超級富有的百萬富翁與億萬富翁的人數已遠超過從前。事實上，只要一個簡單的想法就能使你致富。在此，你要釋放內心的禁錮，讓環繞著你的豐富、美麗與人生的財富展現輝煌。

和金錢做朋友，你就會一直有錢

首要前提是對金錢擁有正確的態度。只要和金錢做朋友，你就會一直財源滾滾。你想要更美滿、富有、幸福和更美好的人生是正常與自然的。要明白金錢是上天維持全世界經濟健全的工具；當金錢自在地在你身旁循環時，你的經濟狀況是健全的。從現在起，你要看清金錢在人生中真正的特性與角色，開始正視金錢為交替的象徵。金錢對你，代表著不再匱乏；金錢意謂著美麗、富裕、安全感與高雅。

為何她沒有賺更多錢

貧窮主要是來自心靈態度。茱蒂是個很優秀的作家，出版了好多書，但是她對我說：「我不為錢而寫。」

「錢有什麼不對？」我回說，「我知道錢不是你寫作的唯一目的。或許，在你寫作時根本沒有想到錢，但是請記住，『那勞工是值得上天雇用的』。你的文章可以啟發、振奮與鼓勵別人，為什麼不該因此而有酬金？只要你以這種正確的心態，你會發現經濟報酬會自動地來，自在而充裕。」

「我討厭這種想法，」她有點發抖地說，「我不要骯髒的金錢污穢了我寫作的真誠。說實話，我希望沒有金錢這種東西。那真是萬惡之源，金錢糟蹋了一切，那就是為什麼窮人比富人更溫暖、更有人性。」

「宇宙間沒有邪惡，」我告訴她，「善惡源自人們的思想與動機。所有的邪惡來自人生的誤解與心靈法則的誤用。換言之，唯一的邪惡是愚昧，唯一的惡果是受苦。」

「我不懂。」她說。

「這麼說吧，」我解釋，「你會說銅棒是邪惡的嗎？或是鐵棒？那金子呢？」

「那是不同的。」她很快回答。

「當然，」我同意，「不同的是什麼？是數字與元素粒子的排列。一張百元大鈔充其量只不過是一張無害的紙罷了，是我們的思想賦予其力量與重要性，把它變成好或壞。」

「我想我懂你的意思，」她慢慢地說，「我確信，假如我有錢，我會去做善事。但是，我擔心為了得到錢，我不得不去做一些事。那會改變我和我的作品嗎？我會被迫放棄我的正直嗎？」

「假如那樣，那就是另一種心靈法則的誤用，」我告訴她，「你來到這世上是為了以各種方式發展你自己。這包含你天賦的發展與真實表達，也包括流向你的財富。至於你必須做什麼，這比你想像的更容易。」

她接納了對金錢的新看法，於是更有錢了

在我的建議中，茱蒂採納了一個簡單的技術。她越加利用，她就更有錢。每天當她坐在電腦前工作前，她會先禱告：

我的作品保佑、治癒、鼓舞、提升與高貴了人們的心智。憑藉上天的力量，我獲得美好的酬勞。我視金錢為上天的旨意，因為萬物來自上天，我知道物質與精神是合而為一的。在我人生中，金錢不斷地循環，我明智地、建設性地使用它。金錢自由、快樂、無止境地湧向我。金錢是上天的心意，它是好的，是非常好的。

茱蒂對金錢態度的改變對人生大有效益。她完全克服她那奇怪的、迷信的想法——金錢是萬惡之源，而貧窮比較善良。她同時明白潛意識裡對金錢的譴責會讓金錢溜走，而非湧向她。三個月內，她的收入成長三倍，而那只是她經濟起飛的開始！

他努力工作卻老是缺錢

幾年前，我和一位非常受人歡迎的牧師愛德溫談話。他對心靈法則有充分的了解，而且能將這樣的知識傳授給別人，但是卻無法收支平衡。當我問他對此的想法，他引用提摩太的話回答：「愛金錢是萬惡之源。」他忽略了同一章接下來的經文：人們該對上帝的信任付出，因「祂給我們富裕地享用一切」。

聖經囑咐我們對萬物之源，即是上帝，付出忠貞、忠心與信任。因此，你不是付出忠貞、忠心與信任給萬物，而是給萬物的創造者——宇宙萬物之源。假如有人說：「我只要金錢，其他都不要。那是我的神，除了金錢，沒別的了。」他可以辦到，但是代價太高了！他忽略了他的義務——追求一個平衡的人生。我們也必須追求人生所有的階段的安詳、和諧、美麗、指引、愛、喜悅與健康。

賺錢，如是人生唯一的目標，會構成錯誤或錯誤的選擇。你必須展現自己潛藏的天賦，尋找人生真正的定位與對別人貢獻成長、快樂、成功的喜悅。當你研讀這本書且正確地應用潛意識的法則，你可以有你想要的所有錢財，也仍然可以有心靈的祥和、和諧、健康與平靜。若是為了累積財富而放棄上述這一切，將會導致一個人失衡並誤入歧途。

我對愛德溫牧師指出，他全然誤解了聖經所說的紙或金屬的邪惡。這些是中立的物質，我說：「沒有好與壞，端看人怎麼想而已。」他開始去想，假如他有更多錢，他能對太太、家人和教區居民做什麼。他改變了他的態度，驅走了他的迷思。

他開始大膽地、經常地、有計畫地要求：

上帝啟示我更好的方法去服務。祂鼓勵我、啟發我，我傾注上帝的信任與信心給那些聽我的人。我視金錢為上帝的旨意，它不斷在我人生和教區居民中巡迴。我們聰明地、審慎地、建設性地使用它，依上帝的引領與智慧。

這個禱告讓潛意識心智力量動起來。今天，愛德溫有一間會眾為他和他們自己建的美麗教堂；他的電視佈道傳播給數百萬人；他擁有足夠的金錢，供他個人、世俗與文化教育所需。而且，我向你保證，他不再批評金錢。

訓練金錢心智的主要關鍵與計畫

假如你遵照我將告訴你的步驟與技術，你永遠不會缺錢。

一、你心裡明白上天是萬物的泉源，無論是宇宙、太空的銀河、地球、海洋或所有動植物的蘊藏，你眼中所見的星星、群山、湖泊，都來自上天。上天給你生命，所有內在的自然力量、特性與特質。仔細想想這些真理：

- 你所看到或知道的每件事，都來自上蒼無形的心智。
- 我們人類發明、創造或製造的每件事，都來自人類無形的心智。
- 人類的心智和上蒼的心智只有一個，因為我們只有一個共同的心智。
- 上蒼是你精力、活力、健康與創造力的資源。上蒼是太陽、你呼吸的空氣、你吃的蘋果、你口袋裡的錢的泉源。
- 每件事來自無形的上蒼。對上蒼來說，成為你人生的財富就如同成為一根小草一樣容易。

二、現在就下決定，將財富的想法深深印在潛意識裡。以重複、信仰與期盼把想法帶到潛意識裡。一再地重複一個思考模式或動作，那將成為自動。因為你的潛意識是強迫性的，你被迫去表達。這過程和學習走路、游泳或彈鋼琴沒什麼不同。你必須相信你所堅稱的，了解你所堅稱的就像你種在地裡的種子。種瓜得瓜。澆水與施肥使種子加速地成長。你要很清楚自己在做什麼，以及為什麼這樣做。

三、早晚複誦以下的宣言五分鐘：

現在，我正在潛意識裡記下財富來自上天的想法。上天是我的供應資源，我所有的需求適時適地達到了。上天的財富自在地、喜悅地、無止境地流進我的一生經歷，感謝上天的財富永遠在我的生命中巡迴。

四、當你有匱乏的想法時，例如：「我無法負擔這個旅行」或「我無法付這帳單」，務必停止有關財務的負面說法。在你腦海裡馬上以此宣言修正：「上天是我的立即與永遠的供應者，依上天的指示，那帳單已經付了。」假如負面想法一小時出現五十次，每次都如此修正：「上天是我的立即供應者，立刻彌補所需！」過了一會兒，財務短缺的想法會失去所有的氣勢，而你會發現潛意識已處於有錢的狀況。例如，假如你發現你被一部新車所吸引，千萬別說：「我負擔不起。」相反的，務必對自己說：「車子正待價而沽。是上天的旨意，我依上天的指令接受。」

這就是主要關鍵。當採用以上所言的計畫時，財富的法則會為你奏效，正如為別人那樣。心智的法則對所有人都有相同的效果，你的想法讓你富裕或貧窮。現在，就選擇人生的財富吧。

一個業務代表被三萬年薪困住了

一位業務經理讓他的一個職員來找我諮詢。蘿塔是一個傑出的大學畢業生，而且對她的產品非常了解。她在一個賺錢的行業裡，但是她的年薪只有大約三萬。業務經理認為她可以輕輕鬆鬆地賺到兩、三倍。

在和她談話中，我發現她看輕自己。她出身貧困家庭，父母總認為她該像他們那樣過著貧困的生活。他們嘲笑她企圖追求較好生活的想法，而不鼓勵她的雄心、教育或努力工作的價值。他們說她好高騖遠。她的潛意識，尤其是來自易受影響的小小年紀，接受了這些外力的想法。甚至當她選擇了一個可能讓她夢想成真的職業時，潛意識裡對於匱乏與限制的執念，卻絆住了她。

我向她解釋了所有這一切，然後告訴她，她可以改變潛意識，只要用給予生命的形式來填滿它。依此，我給她一個心理與心靈的配方讓她去遵循，那會改變她的人生。我強迫她無條件否認她以前的想法，因為潛意識會接受且顯示她真正相信的信念。每天上工前，她宣誓：

我命中注定會成功，我內心裡的力量不會失敗。上天的法則與規則駕馭著我；上天的祥和充滿我心靈，愛充滿我心智；上天以各種方式引導我；上天的財富自在地湧向我。我向上提升，我向前邁進，我的心靈、精神、財務，都得到全方位的成長。我知道這些真理深植我潛意識裡，而且將種瓜得瓜。

她的潛意識大大地增加了她的收入

一年後，我接到蘿塔的電話，她告訴我她的人生已轉變成我們先前討論的結果。「我學會去自定價值，」她說，「現在我懂得珍惜人生，也感謝所有發生的美好事物。我的酬金高於過去十二個月的收入，總數大約十五萬。這是過去一年收入的五倍！而且，上星期老闆問我是否考慮去督導整個東南地區的業務。」如同蘿塔所明白的，她的成功來自學會一個簡單的真理——銘記在潛意識裡的想法奏效，在她的人生中起作用了。

財務豐收的冥想

運用下面的冥想以確信自己會財務富足：

我知道上天的信念決定我的未來。上天的信仰就是我對所有好事的信仰。我用真理整合我自己，而且，我知道未來會是我習慣性思考的形象與想像。心想事成。此刻起，我想：凡事是真，凡事是誠，凡事是正，凡事是美，凡事是好；日日夜夜，我沉思這些且知道這些根深蒂固的種子或思想會成為我的財富。我是自己靈魂的統帥，我是自己命運的主人，因為我的思想與感覺就是我的命運。

本章牢記要點

1. 開始去想，那環繞在你周圍的未知財富，等待著人類的智慧去揭露。在你內心，有個指引規則，當受到真心呼求時，會向你揭露你正追求的財富。
2. 一個古老的諺語：「和金錢做朋友，你就會一直有錢。」視金錢為上蒼的旨意，在國際間流通，維繫經濟的健全。要求那在你人生中流通的金錢，潛意識會讓你擁有所有你需要的錢。
3. 如你譴責金錢，叫它「骯髒的金錢」、萬惡之源，或其他荒謬的說詞，你的金錢便會展翅而飛。金錢，如同宇宙萬物，是宇宙的物質，是上蒼使其可見。金錢，就像鎳、鈷、鐵、白金、鉛、石油和煤，是宇宙的物質以不同的頻率與震動運作。
4. 對金錢採取新的看法，明白因你的工作，不管是寫作、教書、園藝或其他，你有資格取得高報酬。當金錢在你人生中自在地流通時，想想你能做的所有好事。
5. 即使你努力工作，但假如你不喜歡或批判金錢，你會發現自己財務匱乏。你不以賺錢為目的，但是你要明白那是工作必得的。你看看財富的真正資源，那是來自上天，你知道當你轉向那資源，它也會轉向你且給你一生的所有財富。你不要崇拜創造之物，你要崇拜創造者。你的期盼來自上天，祂給予萬物生命，也給予一切富裕的享受。

6. 大聲宣稱你會一直明智地、公正地與建設性地使用金錢，為你自己和所有人們好。同樣地，持續地宣稱上天釋出更好的方法讓你服務他人。

7. 為訓練金錢心智的主要關鍵是，一勞永逸地清楚決定上天是你所見的宇宙萬物之源，人們所做的事物來自上蒼的心智。相信此會成真，你的財富宣言會奏效。當你有害怕或缺錢的想法時，立刻以此宣言修正：「上天是我的補給者，那帳單現在已經付了。」絕不要對財務作負面的說詞。過了一會兒，負面的想法會消失，你會發現你已讓潛意識處於有錢的狀況。

8. 一個業務代表改變有關自己和金錢的心態，讓她的收入五倍成長。她潛意識對貧窮的執念讓她裹足不前。當她用成功、財富、正確行動與充足的想法去填滿潛意識心智時，她發現她的想法在適當引導下，創造出升遷、財富、自尊，與來自主管和顧客的賞識。她學會銘記在潛意識裡的會在人生中奏效與起作用。現在她的人生旅程是前所未有的向前、向上。

9. 利用本章節尾的冥想，以確信你得到財務的豐收。

6　要說什麼「話」才會有錢

把喜悅帶進你的人生！祈求喜悅，大聲宣布：「上蒼的喜悅是我的力量。」知道喜悅是人生的活力，生命力最基本的表示。不要浪費時間與精力去分析對喜悅的渴求，或咬牙切齒奮力去爭取。這種心智與心靈的治療技術是不需意志力或體力的，它們也幫不上忙。只要知道且祈求上蒼的喜悅流貫你。當你如此祈求時，奇妙的事情就會發生，最後你將獲得心靈的自在與祥和。

她如何祈求以致富

一場演講後，卡蘿來找我說：「我知道你所說的技術管用，至少在我人生中管用。」

「我很高興聽到你這麼說。」我回答。

「我離婚了，有個小學二年級的小孩，」她說，「幾個月前，我發現自己窮途末路。我失業了，帳單一大堆，我看看錢包，只有五塊錢。當我拿著錢包瞪著它時，突然間，我覺得一陣祥和湧入胸口，我自然而然地脫口而出說：『上天會使它充盈滿溢，以榮耀祂的財富。財富填滿我心。我的需求已達到，此刻與永遠。』這想法填滿我的心靈半小時或更久，我甚至沒留意時間的流逝。那真是太美好了。」

我深受感動，這年輕女士在自己身上發現了如此有力的工具。「然後呢？」我問。

她微笑著說：「真令人驚訝。那天稍後，我去超市用那五塊錢買雜貨。我沒留意我買的東西的價格，但是去櫃檯結帳時，剛好是五塊錢。我對著櫃檯一個人拿這件事開玩笑，那個人其實是店經理，他在那兒幫忙是因為有個店員突然辭職了。哦，長話短說，他問我要不要做那份工作，我當場就接受了。不僅如此，他和我相處得很好。幾個星期前，我們開始約會，我有預感這是一段認真的感情。我已從地獄走出，邁向人生所有的財富。」

卡蘿被指引到上蒼的資源所在。她相信她的心，跟隨上天的保佑。她的利益極度地擴大與加倍成長。

他為學生祈求，成果非凡

在飛往夏威夷途中，我和鄰座一位旅客攀談起來。我自我介紹且提及我寫有關啟發心靈的書，他一聽臉亮了起來。

「真的是你。」他說。他解釋說他在教會附屬的學校教西班牙文和法文。兩年前，他對學生的紀律問題與毫無進步感到非常地沮喪，一度想放棄教書，去找另一種不同性質的職業。然後，他的一個朋友建議他看《潛意識的力量》。

「你談到的技巧我覺得很合理，」他繼續說，「我決定採納，運用在我的情況中。我開始要求班上學生每天早上聚在一起，大聲宣示：『上天啟發我；上天的智慧引導我學習；依上天的指引，我所有的考試都及格。我對我同學散發出愛與善意。我是快樂的、喜悅的、自在的。上天愛我、在乎我。』」

「那結果呢？」我問說。

「好神奇，」他激動地說，「我看到學生大大地改變了。從那時起，沒有人不及格。更神的是，他們熱衷於學習。多年來，第一次，我們有非常活躍的西班牙文和法文社團。下個秋季，我們計畫組團帶學生去墨西哥和魁北克旅行。」

他又說他也試著給學生灌輸上蒼的信念與信心：每天告訴他們，他們會及格，上天會指引他們學習，他們會記住他們該知道的。學生聽進去了，也吸收了他所說的真理和他們早上的宣示，這些真理深植於他們的潛意識，而潛意識依據這些概念使事情一一奏效。

他是一個聰明的老師，他發現科學的祈禱讓神奇與奇蹟以無數種方法一一實現。

有效的禱告拯救了他的工作和婚姻

鮑比和唐娜來找我幫助，他們解釋說，我是他們維繫婚姻的最後希望。於是我分別和他們談。鮑比在一家頗具規模的公司擔任經理，但是剛被解雇，因為工作中酗酒及和辦公室一位祕書有婚外情。他心灰意冷、沮喪又擔心他的妻子、收入和未來。他抱怨妻子善妒多疑。她不斷地找碴，監視他每晚到家的時間。假如他沒按時到家，她就大吵大鬧。

「但是，她不是有權利嫉妒嗎？」我問他，「畢竟是你有外遇啊！」

「在那之前她就是那樣了，」他說，「我想我和莎莉有婚外情是為了報復唐娜，而且，證明我不是受她擺佈的。」

我和唐娜談時，她承認有善妒的問題。「我總覺得鮑比會從我身邊溜走，」她說，「甚至他在家時，也是人在心不在。我越是試著約束他，他就越設法擺脫。」

我對他們解釋，他們是給彼此的潛意識錯誤的信息，結果問題就更糟。解決的途徑是打破這個惡性循環，開始給彼此的潛意識截然不同、更有建設性的信息。

依著我的建議，他們互相承諾早晚祈禱。他們明白，他們為對方祈禱時，才會開始化解所有的痛苦、敵意和怨恨，因為上天的愛驅除這些負面的東西。

唐娜早晚的禱告如下：

我的丈夫是上天之子。上天引導他去正確的地方，他追隨上蒼的指引。上天的愛充滿他的靈，祥和充滿他的心。上天全方位地使他成功。我們之間的關係是和諧、慈祥、愛和諒解的。我們的人生就是上天的運作。

同時，鮑比為妻子早晚的禱告如下：

我的妻子是上天之子。我愛她，關心她。上天的愛、慈祥、和諧與喜悅流過她全身上下，上天全方位地引導她。我們之間的關係是和諧、慈祥、愛和諒解的。我在她心裡看見上蒼的力量，她在我心裡看見上蒼的力量。

如何奏效

隨著鮑比和唐娜持續為對方禱告，他們的關係逐漸變得更輕鬆與自信。然而，他們的財務狀況仍然大有問題。但有一天，鮑比接到以前建設公司一位主管的電話，他稱讚鮑比過去在公司的成就與功勞，問他願不願意回去工作。當然，鮑比同意了。

稍後，唐娜告訴鮑比，她打電話給他以前的老闆。她告訴他，她和鮑比正在重建他們的婚姻，而且鮑比也不再喝酒了。同時，她說他們早晚一起禱告，並解釋如何祈禱，為什麼祈禱。鮑比的主管深受感動，他說他確信鮑比的工作績效會比出狀況前更讓人滿意。經過訓練，有所依據的祈禱以奇蹟的力量，在更堅固的基礎上，維持他們的婚姻關係，重建他的事業。

讓上天的財富湧向你

持續地宣誓、感覺與相信上天會極度加倍你的財富。分分秒秒，你會在精神、心靈、智慧、財務和社交上，都感到無比富裕。每天，人們的榮耀是無止境的。當你在潛意識裡加深這些信念，留意將發生在你身上的驚奇。你會體驗榮耀的未來。

保持正確的心態

留意你的想法，絕不談財務短缺與限制，絕不談貧窮與匱乏。和鄰居或親戚訴說困境或財務問題尤其不明智。算算你的福氣，開始去想富有的想法。談談比比皆是的上天財富。只要想有錢就有錢。當你訴說不夠用，太窮了，或是如何挖東補西時，這些想法就產生了影響力。它們會被你說中！你只是在唱衰自己。

自在地使用金錢，喜悅地用，明白上蒼的財富充裕地湧向你。瞻仰上天的資源。當你轉向上天，會有回應的，因為「祂關心你」。你會發現你的鄰居、陌生人或熟人會幫助你增加財富和物質補給。常常祈求上天全方位地指引你，相信祂一直用榮耀的財富補足你所需。當你習慣保持這樣的心態，你會發現富裕的無形法則會為你產生有形的財富。

透過有效的祈求，她大獲成功

珊曼莎是一家生意興隆的美容沙龍老闆，她告訴我她致富的祕訣。每天早上營業前，她靜靜地禱告：

上天的祥和充滿我心，愛充滿我身。上天指引、繁榮、激勵我。祂啟發我，療癒的愛從我這兒湧向我的顧客。上天的愛進出我的門。所有來我沙龍的顧客被祝福、治癒與啟發，治癒的能量充滿整間店。這是上天所做的，我欣喜，我感謝賜給我和顧客的無限祝福。

她把禱詞寫在一張卡片上，每天早上複誦。晚上，她會感恩所有上門的顧客，祈求他們受指引、繁榮、快樂與和諧，上天的愛湧貫每位顧客，並填滿她人生的空虛。

她繼續說，開始這樣禱告三個月後，她的顧客多到應付不過來！她必須再雇用三個美容師。現在，她計畫在隔壁開家日間SPA。她已發現有效禱告的財富，而且遠超過她最愛的夢想。

明白上天財富的祝福

最近，一位比佛利山莊的小兒科醫生柏琳達對我說：「我每天都喜悅地期盼著美好的事物發生，而最美好的也總是出現在我眼前。我知道我不依賴他人以求喜悅、健康、成功、快樂或心靈祥和。」

柏琳達醫生仰望心中的力量，以祈求升遷、成就、財富、成功與快樂。

期盼升遷、成功、成就、啟發與靈感，上天就會讓它們到你那兒。你會完全展現出你所思索的一切。現在，就這樣，允許上天的財富為你打開一扇嶄新的門。讓驚喜在你人生中湧現。

有效祈禱療法的財富

在祈禱療法中，避免掙扎與曲解。你的不信任的確會有徵兆。潛意識裡擁有解決問題所需的智慧與力量，儘管你的心智傾向去看外來的狀況，而且傾向掙扎與抵制，然而，記住，平靜的心才會奏效。讓你的身體定期地平靜，告訴身體要平靜與放鬆，它會聽你的。當你的心智是平靜的與易於接受時，潛意識的智慧會升到表面，你也就獲得了答案。

祈禱後，你感覺如何？

依據你的感受，你會知道你的禱告管不管用。假如你還是擔心或焦慮，假如你懷疑究竟要何時、何地、何處或透過何種資源你的請求才會實現，那麼，你是在攪亂它。你並沒有真正信任潛意識的智慧。避免整天或甚至偶爾自尋煩惱。當你想到自己的需求時，只需要輕微提醒，提醒自己，上天的智慧會依其指令來處理你的問題，並且會遠勝於你有意識地努力所能得到的。

你該多常祈禱？

人們常問我：「如果我的親人生病了、在醫院裡，或有財務的問題，那麼我該多常替他禱告？」我能給的最好回答是：你該禱告到你覺得內心滿意，或到你覺得自己已盡最大努力了。期盼你為和諧、健康、活力與富裕的祈求獲得答案。你可以在一天中，受到靈性感召時才禱告。當禱告有了答案時，你會知道的，因為你會體驗到內心的祥和與確定。

太長的禱告通常是錯的，那可能指出你正試著用心靈的強制力量去強迫某些事情，這樣的結果通常與你所祈求的效果相反。你常會發現，發自內心的簡短禱告比冗長的具有更好的結果。

讓心靈得到復甦

學會放手與放鬆，不要對病痛與狀況施力。對上天的治癒能力給予力量與支持。游泳教練告訴你，假如你保持平靜、靜止與祥和，你可以浮在水面上；但是，假如你緊張或害怕，你就會沉下去。

當你尋找心靈治療時，去感受你接受上蒼無所不在的洗禮。知道生命、愛、真理與美的黃金之河流貫你，把你的全身轉化成和諧、健康與安詳的形式。認同這條生命與愛之河，感受你泅泳在偉大的生命之洋。與上天同行會使你復元。

美好未來的冥想

每天實行以下的冥想，將為你帶來許多美好事物：

我知道我鑄造、塑造與創造我自己的命運；我對上天的信仰是我的命運。我珍惜堅持我的信仰。我活在喜悅的期盼中，相信最好的事情會發生，只有最好的事情會來我這兒。我知道將來我會豐收，因為所有我的思想都是上天的思想，上天與美好的思想同在。我的思想是真、善、美的種子。現在，在我的心靈花園裡，我播下愛、祥和、喜悅、成功與善意的種子。這是上蒼的花園，它會產生豐收，上蒼的榮耀與美麗將在我的生命中展現。從此刻起，我表達出生命、愛與真理。我在各方面都快樂與富有。感謝上蒼。

本章牢記要點

1. 無論你有什麼錢，祝福它，並且相信你所宣稱的話：「上天會極度地使它加倍成長，此刻與永遠。」打從心裡相信它，你將永遠不缺錢。
2. 當一對夫妻為彼此禱告，讚揚對方心裡有上天的力量，祈求祥和、和諧、愛與靈感，所有怨恨與惡意會消失，而兩者皆會繁榮。假如你被解雇，祈求：「只有好事才會來。」你會發現另一扇門已為你打開，比先前更美好的職位等著你。
3. 專注於任何美好、高貴、精采與神聖的力量，你會體驗生命的財富。記得，在你潛意識裡播下什麼種子，便會收穫什麼果實。
4. 留意你的思想。你的思想是有創造力的。絕不談匱乏、受限或入不敷出，這會使你的悲慘加倍。想想上蒼的財富，大膽地祈求上蒼的財富滾滾地湧向你。大膽地祈求，上天會回應的。
5. 一家美容沙龍的老闆規律且有系統地禱告，以使她的生意興隆：「上天的祥和充滿我心，愛充滿我身。治癒的愛從我這兒湧向我的顧客。所有來我沙龍的顧客都被祝福、治癒、繁榮與啟發。」她保持這樣禱告的習慣，而她生意的興隆遠超過她最愛的夢想。
6. 一個神奇的禱告能讓你體驗上蒼的財富：我活在喜悅的期盼中，期待最好的事物，而最好的事物便必然來到。

7. 在教學上，明白上天的智慧引導與指引學生學習，要相信他們會依照上天的指令通過所有的考試。灌輸這樣的信念與信心：上天在他們心裡。你會驚訝他們不知不覺地採納了你的信念。

8. 使用本章結尾的冥想以確信自己的未來飽滿盈溢。

7 啟動你的心靈提款機

「繁榮」不只是成功，還得「昌盛」。當你繁榮時，你就擴展了。你成長了，從精神、心靈、財務、社交到智慧都成長了。為了真正的繁榮，你必須成為一個管道，好讓生命本源能夠自在、和諧、喜悅與美好地流通。假如你誠心想達到目標，我建議你制訂一個明確的工作與思考方法，而且，規則又有系統地每天執行。

繁榮的想法改變了他的人生

「多年來，我不斷地祈禱能夠有錢。」詹姆斯悶悶地告訴我，「根本沒用！我和以往一樣窮，那就是我得到的結果！」

「你認為你的禱告沒有回應？」我問道。

「你說對了，」他回說，「我只希望我的狀況不要比以往更慘！我已窮途末路了。

常常半夜醒來，擔心自己沒有任何出路。」

詹姆斯解釋說他辛辛苦苦地念完法學院，專攻石油和汽油律法。當國際發展導致國內勘測石油業嚴重萎縮時，他工作的公司大砍人事，包含法律部門。身為新進員工，他首當其衝。從那時起，他只能打零工了。

「我甚至不知道，為什麼要浪費你的時間，」他又說，「即使我的禱告管用，對所謂的石油輸出國組織又有什麼影響？我不幹了！」

「讓我解釋一下，」我建議，「你說，你為有錢而禱告，我肯定你是禱告了。但是，你花多半的時間在擔心貧窮與失敗。如果，你向你的潛意識呈現兩種衝突的想法，它會接受較強勢的那個。你對貧窮的害怕會引來匱乏與限制。」

「你是說，我自己的想法造成我目前的情況？」他懷疑地說。

「正是，」我說，「每個想法都是具有創造力的，但是比較強勢的想法會讓你的祈求化為烏有。你對貧窮的想法與信念比對環繞著你的財富的信念強太多了。當你想像著貧窮時，你就幫忙創造了貧窮。因此如果你想像著財富，也就產生了財富。」

在談話的尾聲，詹姆斯下定一個堅定的決心去改變他的想法。依他的要求，我為他寫了一段禱告詞，並且力勸他早晚禱告。

一段祈求富有的禱告

這是我為他寫的禱詞：

我知道只有一個資源——上蒼，萬物從那兒流出。祂創造宇宙且包含萬物。我是上天的焦點。我敞開心胸準備好接受。我是和諧、美麗、導引、金錢與上天財富流通的自由管道，我知道健康、財富與成功從我內心釋出，並表現出來。現在，我裡裡外外和諧地與上天的財富在一起，我知道這些想法深植在我潛意識裡且將反映出來。但願所有人有福報。我敞開、接受上天的精神、心靈與物質財富，它們源源不絕地湧向我。

改變想法讓他一夕致富

詹姆斯開心地專注在上天的財富，而非貧窮。他更特別留意不要因為擔心財務狀況而否認所宣誓的內容。每天早晚十分鐘，他祈禱富裕。他知道如此做，會確實將這些信念銘記在潛意識裡，而且激起作用，釋出隱藏的財富。

一個月後，我收到他的來信，摘錄如下：

上星期我去聽公園裡的免費音樂會。我喜悅地接受那音樂當作禮物，而非一直想著我買不起門票。中場休息時，我和坐在我旁邊的一對夫妻聊起來。他們來自外地，於是我提供他們一些飯店和商店的訊息。當他們得知我的職業時，那位女士瓊安說：「我相信一定會大有作為的！」

她告訴我，她和她先生是獨立技工——就是所謂的投機性石油業者。他們決定在我這州拓展業務，他們的優先考慮是找個律師，精通當地石油和汽油買賣的律法。音樂會結束後，他們帶我去一家很好的餐廳吃晚餐。晚餐還沒吃完，我們已經談妥了我為他們工作，薪資比我上個工作高出許多，而且我還可持有股份！真是夢想成真！

她在虔誠的心中寫下願望

在一場公開演講後，一位年輕女士來找我，自我介紹她名叫蓓蒂。她很興奮地說：「你演講時，我有了個好棒的想法。突然間，我把潛意識看成永不褪色的筆，我愈想要什麼，就愈在潛意識裡記下來，然後，我的潛意識會忙著讓它美夢成真。對不對？」

「正是。」我告訴她，因她的熱忱而微笑。「你絕對可以在潛意識裡銘記下你真正的願望，只要常常專注地去想你心裡的願望。」

「我會的！」蓓蒂咬著指甲，認真地說，「有兩件事，我是真的想要，所以我得分別仔細想想，然後交給潛意識盡量以最好的方法展現出來。我知道會管用的！」

她最珍視的願望

我問蓓蒂能不能告訴我她那兩個願望。

「哦，沒問題！」她回答，「第一個是帶我媽去墨西哥度假。她一直想去，可是沒機會。」

「那第二個呢？」我問道。

她遲疑了一下，滿臉羞紅地說：「我想遇見某人，墜入愛河，然後結婚。」

我微笑著說：「讓我們看看你的潛意識如何處理。」

我們討論她如何在潛意識裡銘記下那兩個願望。對第一個，她決定和媽媽一起想像兩人收拾行李，上飛機，抵達墨西哥，在觀光小鎮上圖畫般的街道探險。當她們各自或一起如此做時，要同時重複地想：「上天下指令為我開路。」

三星期後，蓓蒂興奮地出現在我辦公室。「你不會相信的，」她說，「有個小孩向我兜售彩券以資助當地社區中心，我買了一聯五張。嗯，昨晚開獎了，我是中獎人之一。猜猜我的獎品是什麼？」

我大膽地猜：「墨西哥雙人遊？」

蓓蒂瞪著我：「你是怎麼猜的？我聽見時差點昏倒！不是詭異是什麼？」

「不，」我回答，「是驚奇，但不是詭異。你的潛意識有方法透過尋找去得到結果。接受它，慶祝它。」

至於她的第二個願望，她用意識的心靈之筆，把以下的想法寫入潛意識中：

我知道我想結婚，渴望擁有幸福，這樣的願望是來自上蒼的聲音，催促著我過著幸福美滿的人生。我知道現在我和上天在一起。我知道且相信有個男士等著來愛我、珍惜我。我知道我可以給他幸福與安詳，我可以是他的資源。我可以愛護、珍惜與鼓勵他去達到最佳境界，正如他鼓勵我那樣。他喜歡我的想法，我也喜歡他的想法。他不要我太辛苦，我也不要他太辛苦。我們之間彼此有愛、自由與尊重。這些禱告將付諸實現。我用信任與信心在潛意識裡寫下這個請求，我命令它在我內心深處安置且達成目標。每當我想到結婚時，我提醒自己，潛意識裡的無窮智慧會依照上蒼的指令付諸實現。

幾星期後，蓓蒂去看牙醫，她正好是當天最後一個客人。看診完後，她和牙醫生聊起來。當蓓蒂告訴他關於墨西哥的旅行時，他邀她一起去一家他最愛的墨西哥餐廳吃晚餐。他們對彼此頗有好感。過了一些日子後，我很開心與滿足地主持了他們的婚禮。藉著潛意識心靈的力量，蓓蒂達到她的願望。當你禱告時，想想繁榮與生氣勃勃的想法，驚喜會出現的。

正面的思想扭轉了他的人生

一位軟體工程師理察，來找我諮商。他告訴我他最近離婚了。「一定是我的錯，我想，」他接著說，「我就是提不起勁。我的生活也是。我去上班，我去運動，我去睡覺。然後，第二天，我起床，重複著相同的事。有誰想分享這或甚至想聽這？那一定是為什麼我沒有朋友的原因——他們被我煩死了。」

「假定你正試著分析一個電腦程式，」我說，「假如你看到每次都產生某個信息，那結果總是一樣的，你認為呢？」

他抓抓耳朵說：「大致對了，信息導致結果。所以，我要試著扭轉信息，看看結果會不會改變。」

「太好了，」我說，「我要你去思考這個想法：思想是有創造力的。當你告訴自己，你是無趣的、沒有朋友的，負面思想真的會形成那個問題。無論我們給潛意識什麼注意力，潛意識總會在我們的經驗裡加倍擴大。」

「我懂了，」他說，「你是說，假如我扭轉想法，會有不同的結果。我同意。下一步，我該怎麼辦？」

我建議他持續地、有系統地禱告：

我是快樂、喜悅、自在的。我是可愛、仁慈、和諧與祥和的。我歌頌上天，那就是我的力量。

他理解與明白了心靈的法則——任何一種『我是』的想法，會擴大且展現出來。他習慣性地宣言這些心靈真理，而他整個人生就改變了。從似乎是乏味、孤獨的存在，而邁入美滿、豐富的人生，有著新的興趣、新的朋友、新的親密關係，並對自己內在的神奇財富有了嶄新的了解。

一個家庭主婦如何計畫有錢與幸福

「我不是在抱怨，你懂吧。」克萊兒誠心地說。她告訴我，她先生在一家電話公司有個很好的工作，他們有兩個小孩，克萊兒待在家裡照顧他們。「總是一樣，我覺得我像是困在滾輪裡的倉鼠。每天，同樣的事——煮飯、打掃、洗衣、購物、想想能為孩子做的事……。我總是好累，我的腦袋也沒有以往那麼管用。好像人生的火花都熄了。」

「你覺得生活和你背道而馳？」我問道。

「就是，」她同意，「啊，也不全然是背道而馳，但是，從我身邊溜走了。」

我解釋說，她的想法就在幫著創造出那種不快樂的狀況。「心力交瘁的情緒是一種心理狀況，」我繼續說，「所以，幸福與繁榮也是。假如你學會去扭轉思考方式，你會看到自己的人生有真正的戲劇化的轉變。」

她開始宣誓，一天兩次：

上天的權利是屬於我的，成功是我的，財富是我的，幸福是我的。上蒼祥和的河流貫穿我的心靈、身體與活動，我所做的都會繁榮。我知道我的思想是有創造力的。如同工程師設計橋樑，現在，我也要設計繁榮與幸福。

以這方法，克萊兒激起了內心深處的財富天賦。她對家庭、孩子與婚姻的關係改變了。她釋出內在受困的光彩。錢財完全來自未預期的資源，她對豐盈富足的嶄新人生感到非常滿意。

你擁有的美麗與富有

上蒼是無法形容的美麗，永存於你心中，在你心裡行走與說話。你的心靈與精神，思想與感覺代表在你心裡的上蒼。你心裡無形的生命與力量屬於上天。你的思想，具創造力的，是上蒼在你人生的活動。開始去思考上天的美麗與財富流貫於你的思想、言語與行動，你將傳遞上天的美麗與財富給家人、朋友與鄰居。感謝你所有的恩賜。你能使你的家美麗，你能激勵他人去體驗你心靈深處的財富。你是你人生的藝術家、編織者、設計師與建築師。

祕密的計畫讓他達成交易

多年來，我一直在我家附近一間特別的店裡購物。那是家族事業，由第三代經營著。我和店主兩兄弟是點頭之交，當得知其中一位過世時，我很難過。幾星期後，死者的弟弟文森過來找我，問是否可以和我談談。他解釋說他哥哥把生意的一半股份留給兩個孩子，也就是文森的姪女。

「我不知道為什麼，」他說，「我愛她們，視如己出，但是，她們老是替我製造一堆麻煩，接二連三。我提出的建議，她們都反對。我們有些重要的決定要馬上做，我擔心會是鬧僵。我看過有一些家庭，就因為這類的問題而走下坡，不得不變賣財產。我不希望我們的店會是其中之一。」

「你是想把她們的股份買過來？」我問。

「沒那麼容易，但是我可以嘗試，」他回說，「我提出，沒談成。她們羞辱我居然如此提議。對這件事，我是智窮了。」

「你必須放手，」我催促他說，「你的擔心所創造的負面能量是問題的一部分。」

在我的幫助下，文森在一張紙上寫下：

我完全放手，把姪女交給上天，她們真正歸屬的地方。她們依上蒼的指令，激勵自己做正確的舉動。沒有什麼是永遠的，這個困難已經過去了，這是上天的運作。

他把那張紙放在檔案夾裡，標示著「上天讓凡事皆可能」，鎖在桌子的抽屜裡，然後，忘了它。還不到兩星期，姪女就來找他。她們明白了，過世的父親會希望她們為那家店的最佳利益做考量。她們同意以合理的價格賣出股份。每個人都滿意了，生意和家族恢復了和諧。

文森所採取的方法很好。他寫出願望，真的在潛意識裡銘記下來。把它放在桌子抽屜裡的動作只是外在的表徵。他釋出問題給潛意識的智慧，那是個祕密的地方，從那兒，你找到所有問題的答案。

如何思考上天的財富

白日的藍天，夜晚的星星，為你也為每個人而存在。無論你是富有或貧窮，你都能欣賞落日，聆聽鳥鳴，迷戀環境的美麗。開始去觀察上天無盡的存在——在旭日中、在月光中、在天空中、在群山裡、在河流裡、在溪水裡。想想自然界的美。愛環繞著你。

生命是一面鏡子，確實地反映出我們心中的一切。透過愛與美的眼光，上蒼的愛、美與財富會回歸於你。朗費羅說：「悽慘地回顧過去，它會再回來。聰明地改善目前，這就是了。不要怕，勇敢地出去迎接陰影的未來。」塞涅卡說：「對那些目前貧乏的人，我們只能說他對未來是焦慮的。」現在，上天（你的福祉）是永恆的！現在，祈求你的福祉與人生的財富。你所能想出的，透過潛意識的智慧與力量，你就能得到。

寫下願望，帶來豐足的驚喜

每年除夕，我會為同一群男女舉行祈福。我們習慣這樣做：每個人清楚地寫出自己的願望。我們只限四個類別：健康、財富、愛與表達。無論你追求什麼，都來自這四個類別之一。例如，假如你要求智慧當作你唯一的願望，那將來自表達這個類別，或你的願望是釋出愈來愈多心靈深處的生命、愛、真理、美與財富。我建議，當寫下願望時，參與者須包含一個給朋友或親戚的願望。例如，假如朋友或親戚有困難，他們就依指示寫下：「透過上天的公正與和諧，這完滿的結果要給某某某。」

寫下的願望如何實現

每個人寫出願望後，就放入密封的信封裡，其中一位參與者會將這些信件放在家裡安全的地方。第二年除夕時，每個人會拿到自己的信封，打開來看。

每個人都很驚訝地發現，過去一年來的願望已經應驗。有位男士給我看他許的願，他最主要的願望是給妻子與孩子更多時間；另一項則是希望和家人去旅行。過去一年中，公司給他升職，把他轉到外州工作。在這轉接空檔，他有六星期的休假，他和家人參加了一個很長的郵輪旅行。他的新工作離家較近，每天他有較多的時間待在家裡。

這些人寫下內心最深的願望，他們信任也相信潛意識智慧會依上蒼的指令使其實現。我和他們總是以如此禱告作為年度結語：

> 我們命令這些願望銘刻於每個人的潛意識裡，而且依照上蒼的法則與指令展現出來。

真正的唯一奧祕

寫下願望與彌封願望的祕密目的，是讓我們帶著信任與信心，將願望完全釋放給潛意識的智慧。我們知道，正如太陽在早上升起，所有的願望會依上蒼的指令復甦。這是上蒼一視同仁的法則。當你有如此的心態，你的禱告總是會有回應。一視同仁的法則就是你知道你的禱告不可能失敗，因為已經銘記下來。

灌輸潛意識心智的冥想

以下的冥想，誠心地相信且常常複誦，會為你產生偉大的寶藏：

我那具有創造力的言詞，代表我默認我的禱告已得到回應。當我說出祈求治癒、成功或繁榮的言詞時，我是在我人生與力量的潛意識裡說出的，而且知道會有回應。我的言詞有力量，因為它與上天合一。我所說的言詞具有建設性與創造力。當我祈禱時，我的言詞充滿生命、愛與感情。這使我的聲言、思想與言詞具有創造力。我知道，對所說的言詞愈具信任，就愈具有力量。我使用來自上蒼的言詞，那決定我思想的形成，一定會應驗。現在，上蒼的智慧透過我去執行，並且對我揭露我需要知道的一切。現在，我有了答案。我內心平靜，上天就是平靜的力量。

本章牢記要點

1. 你會有錢，當你順著精神、心靈、智慧、財務來祈求，就會有回應。當你想做時，你應有足夠的錢財去做你想做的事。
2. 你的潛意識心靈接受兩種想法的支配。想清楚為何一切有形與無形的事物都來自上蒼。所有人們做的來自上天的心智，所有上蒼的回應也來自相同的心靈。想想有錢的思想，想想各式各樣的財富與世界無限的財富，你的潛意識會對習慣性的思考有回應。用富裕與無止盡的財富想法去攆走所有貧窮的想法。要敞開心胸，準備接受，讓財富自在地湧向你。當個好的接受者。
3. 你的意識心靈是一支筆，用它在你的潛意識裡寫下你真正的願望。認真而安靜地深思個別的願望，用信任與期盼灌溉與滋潤它。一天照這樣做三、四次。藉著規律的習慣，你會將願望注入潛意識，你心裡的富裕願望會被理解。
4. 絕不要有匱乏、受限、孤獨與挫折的想法。相反的，對於你想要的東西，要提出個心理計畫，只要你說出：「我是……」你就會在人生中創造出那樣的結果。採用易於銘記的句子，例如：「我很快樂、喜悅與自在。」像催眠曲，一遍一遍地複誦。去做，知道與感覺到。如同你在潛意識裡所播種的，你會如此的收成。

5. 不要埋怨、發牢騷和抱怨目前的困境，而是去扭轉那心態與大膽地請求：「上天的正確行動是我的，成功是我的。上蒼的愛充滿我的心靈，我所做的會繁榮成長。」明白你的思想是具有創造力的，你就是你整天所想的那樣。適當地尊重你的思想，你的思想便是你的禱告。

6. 開始去思量，上天的美麗與財富自在地流經你的思想、言詞與行為，你會體驗你思想的結果；除此之外，你還能夠把思想得來的財富傳遞給家人。你必須先擁有才能給予，只有富人才能貢獻金錢給所有人，窮人是無法給予的。

7. 當你處於困境，或是與難搞的人相處時，最好能清楚地寫下你的願望，例如：「這也會過去的。上天賜予的和諧結果經過我的潛意識。現在，我放下一切。」把這個書面的禱告放在一個檔案夾裡，標明：「上天讓凡事皆可能」。這是放手的象徵方式，會帶來驚喜的。

8. 生活是一面給國王和乞丐的鏡子，它所反映出來的，恰好是每個人儲存在心裡的想法。

9. 每年除夕，我主持群體禱告，請每個人寫出自己的願望。這些願望放入密封的信封裡，封鎖一年，第二年除夕時，再打開看。大家都很驚訝自己的願望竟如此應驗。好多人已忘記他們所寫的，因此深感震撼。祕訣是，他們用信任與信心釋出所有的禱告，存放在心靈深處，心靈深處明白了也看到了。他們得知，有了上天一視同仁的法則，禱告總是會應驗的。一視同仁的法則不是不在乎或漠不關心；而是，你知道在你心裡，無論你祈求什麼與覺得那會是真的，都會應驗。因此，你會比那些空等的人擁有更大的信任、保證與信念去等待你的應驗。

10. 使用本章結尾的冥想，將會為你的日常生活帶來驚奇利益。

8 畫出心靈的寶藏地圖

沒有想像力的心靈就像沒有望遠鏡的天文台。

——亨利・華德・畢奇爾

想像力可以解決所有事情；它創造了美、正義及快樂，正是這世界的一切。

——布萊斯・帕斯卡

詩人的眼睛在神奇的狂放的一轉中，便能從天上看到地下，從地下看到天上。想像會把不知名的事物以一種形式呈現出來，詩人的筆再使它們具有如實的形象，空虛的無物也會有了居處和名字。強烈的想像力，往往就具有這種本領。

——威廉・莎士比亞

想像力是我們最具威力的諸多能力之一。受過訓練的、能控制的，及有目的的想像力是探測你潛意識深處強而有力的手段，它帶來新發明、新發現、詩及音樂，並讓我們察覺到天空、海洋及地球的豐饒。科學家、藝術家、音樂家、發明家、詩人與作家，通常擁有高度發達的想像能力，這些來自於他們潛意識寶庫的想像力，帶來上蒼的財寶，並以無數方式造福人類。

她的寶藏圖帶給她財富及伴侶

最近我為一位名為阿曼達的年輕女性主持了一場結婚儀式。阿曼達是一家公關公司的業務代表，我第一次碰到她是在約六個月前。當時她正在擔心她的公司似乎陷入困境，而她的生命並非朝向她所期待的方向發展。在我們的談話後，她為自己制訂了一份寶藏地圖，這份地圖分為四個部分。在第一部分，她寫下：「我感恩上天的財寶在我的生命中大量地流動。」在第二部分，她寫下：「我感恩一趟環遊世界的旅行。」她在第三部分寫下：「我感恩有一個與我情投意合，追求心靈的好男人。」在最後一部分，她寫下：「我感恩有一個美麗而和諧的家。」在這四項要求下，她寫著：「我感恩上蒼的慈愛，在上天的旨意下，這些要求立刻得以滿足。」

每天早晨、下午及晚間，她都仔細思考她的要求。她確認，並盡可能逼真地想像著看到這些要求得以實現。她知道這些印象已逐漸深印在潛意識當中，而潛意識將會使它們具體實現。過了大約一個月，她的第一個要求得到了回應，她在紐約的姑婆在遺囑中留贈給她價值超過十五萬美元的有價證券。接著在她公司關門並造成她失業的兩天後，在加拿大的雙親邀請她一同去環遊世界。當來到東京時，她遇到一名來自舊金山附近的年輕科學家。依照她的說法，那是標準的一見鍾情。他們於返回加州後結婚，如今住在他位於山坡上的一棟美麗房子中，擁有可以遠眺太平洋的壯麗景觀。

阿曼達告訴我，她從未懷疑過寫出一份寶藏地圖會真的有效。她絕對信任潛意識裡睿智的力量。為了幫助她在想像時能更具象化，她辦了一本護照，從旅遊小冊中選了一個旅程，並且每天晚上花時間研究她打算造訪的一個外國城市。她也想像能具體看到自己的手指上有一枚戒指，而這意指著她已嫁得如意郎君。

阿曼達的方法幫助她取得了對於思想及想像力的控制，而這使得她能夠掌控她的財務情況，並且同時帶來她在愛情生命與表達領域上的滿足。

他的想像力使得官司和解

我有一次前往猶加敦半島，遊覽古馬雅文明中心的遺跡，契晨—伊薩特，途中遇到一位來自德州的律師，名叫道格。在我們談話時，他透露，這趟旅行很可能是一大段紛紛擾擾時光前的最後一刻寧靜時光。在達拉斯有一件涉及十分龐大遺產的案子，死者爭吵不休的眾多親戚們正在等著他回去處理。他是受到家庭成員之一的委託而參與此案，他的委託人希望能夠避免漫長且所費不貲的法律訴訟，替家庭帶來平靜與和諧。

「我看把一隻浣熊獵犬和野貓送做堆，都還比讓這些難搞的傢伙取得共識來得容易。」他的話聽起來相當自暴自棄。

「我有一個建議，」我回覆他，「不妨試一試具有想像力的祈禱療法。想像你在達拉斯公司的會議室中，那個家庭的所有成員都到齊了。現在，你以完全的信念要求他們之間能和諧、平靜及彼此了解。想像客戶告訴你：『我等均同意尊重遺囑所立條件，並且不上法庭質疑。』每天晚上就寢時都照著做，然後以『皆大歡喜』的字眼讓自己安然入睡。」

道格似乎對我的建議很好奇。他說：「我準備好要去嘗試任何東西。」

當我從墨西哥返回時，我發現有一封蓋著達拉斯郵戳的信等著我。信中，道格寫著：

我照你的建議，嘗試了祈禱療法。當家族會議來臨時，我深信會有一個和諧的解決辦法。果然，家族中意見最多的成員經過深思熟慮後，決定遵守遺囑。我們避免了一場令人難受的法庭攻防戰，而且，我收到了一大筆報酬和每個人的感謝。

一個墨西哥導遊如何運用想像力

烏斯馬爾是墨西哥的主要古文明遺址之一，位於梅里達—坎佩切高速公路上，從猶加敦首都搭車前往，約需一個多小時。開車載我前往的導遊名叫波菲里歐。他告訴我，在平常遊客沒那麼多的觀光淡季，他的主要職業是水脈的占卜者。當一名地主要求他尋找水脈時，他會手持一支彎曲的銅線，踏遍牧場的每一個角落。在踏遍所有地方時，他會與自己的手臂溝通，說：「當我們接近水源時，你可要變得強而有力，因為這根銅線會指向水源所在的確實地點。」

「幾乎都能奏效，」波菲里歐補充，「而如果不成功，那是因為我疲倦了，或是我沒有集中注意力。」

波菲里歐從汽車門側袋中拿出幾張很詳細的地形圖，說：「我也可以用這些來進行卜杖探測。」他說：「牧場工人遺失了牛隻時，我會很用力地去想這些走失的動物。然後，我將卜杖橫越過地圖上方，而它就會告訴我這些動物何在。」

波菲里歐從事卜杖探尋水源工作的收入，使他能夠上本地的大學就讀並取得學位。他希望很快能夠擔任考古學的講師。

「整個猶加敦半島充斥著馬雅古文明的遺跡，只是被叢林所掩蓋了，」他興奮地說，「我計畫用我的銅線去尋找，而且我確定會找到，就如同找到水源及走失的牛隻一樣。總有一天，全世界都會對我們祖先的偉大成就驚嘆不已。」

在潛意識當中，他已經與財富相通

波菲里歐還是一個小孩時，父親告訴他，他繼承了以卜杖探索水源或礦脈的天賦，而這男孩對父親的話深信不疑。因為潛意識會聽建議的話，並且被建議所控制，於是他的潛意識便按照他所相信的事情做出回應。潛意識與智慧及資訊信息一起成長，無所不知，無所不曉，既知道水源在哪裡，也知道黃金或走失的牲口、祖先的遺跡在何處，因為世上所有的一切皆出於潛意識宇宙。

波菲里歐走到有水源的地區時，他的信念與他對於潛意識的明確指令，引起他手臂肌肉的一陣緊張收縮，使得銅線指向可挖掘的地點。那根銅線不過是一個幫助的道具，他如果使用一根樹枝、一條掛著水晶的繩子，或是任何他相信有效用的東西，都會有一樣的效果。

我讚揚波菲里歐的專心致力，並祝他萬事順利。我同時建議他，他還可以更為改進技巧，只要常常告訴潛意識：「當我到達地點時，我將會確切知道水源在地下幾呎深處。」這是在他已有的信念上再錦上添花。

建設性的想像力法則克服了她的氣餒

我第一次遇到維琴尼亞是在數年前。當時她是一家廣告公司一名成功的媒體採購，並且快樂地嫁了個律師老公。再次遇見她時，她整個人卻很沮喪、灰心及氣餒。她告訴我，一年多前，她離開廣告公司後不久，她的丈夫遭到一次嚴重的中風。從那之後，她就試著要將房子賣掉，因為房子的維護保養和開銷難以負擔，但卻總是賣不成。她已經訂下附近一處退休人士聚居社區的一間可愛公寓，但除非她能很快將房子賣掉，否則不但買不成這間公寓，先期所繳的訂金也會被沒收。

我告訴維琴尼亞，她能夠讓想像力發揮作用，並且向她解釋要如何做。每天晚上，在睡覺前，她應該去想像手裡有一張支票，而支票上的金額正是她房子的售價全額。在她能調控的想像當中，她應該心滿意足地去銀行，將支票存入帳戶。在此之後，她應該盡可能鮮活及具體地「看到」自己來到新公寓，準備要上床。當她在新臥室逐漸進入夢鄉時，要記得說：「感謝上蒼，在上天的旨意下，我的祈求得以滿足。」

維琴尼亞連續三天晚上都照著此一程序去做。在第四天早上，經手她房子出售的房地產經紀打電話給她，一名剛從東岸調來該地的主管正在尋找像她家這樣的房子，而且急著想完成交易。沒多久，房地產仲介和那名買主來到她家，到了下午，他們就完成買賣交易了。

說真的，想像力可以被稱之為上天的工作坊。愛因斯坦曾說過：「想像力比知識更重要。」你能夠想像並感受為真的東西，將會真的實現。想像力包裹著你的想法，投射於宇宙空間中想像的螢幕上。對心中的心智映像忠誠以對，然後有一天你會發現，它在現實生活中已然實現。

女演員運用想像力克服競爭壓力

夢娜是一名有才華的美麗女演員，但我在遇到她時，她已經半年都沒有工作了。她告訴我，她正在爭取一部新電影中一個很棒的角色，但同時被列入考慮對象的，還有其他三位很優秀的女演員。在試鏡後，她深信這個角色根本是為她量身打造，但她卻不確定製作人是否理解此點。

「如果我無法取得這個角色，」她說，「我不知道自己還能做什麼。這可能是向前的一大步，但它也可能是我生涯的終點。」

「你必須要很小心，」我勸告她，「競爭的思維會產生焦慮及緊張，而如此會造成對於潛意識運作的混亂。無論如何，你總是有可能未能入選，而其原因和你或是你的能力全然無關。」

我接著提供她一個建議，要她應該經常懷著信念及信心做以下的宣示：

我感恩在上天的旨意及法則下，盡我所能做到最高程度的完美表達。我接受在此電影中的角色，或是取之於上天的財寶，為我所準備的更偉大、更重要或更美好的某些事情。這是上蒼的功勞。

然後，我建議她將這一切盡皆付諸於潛意識。任何時候只要想到有關電影合約的事情，她就要告訴自己：「上蒼的睿智會處理一切。」

夢娜並未得到她朝思暮想的那個電影角色。然而不久之後，她得到一個很棒的工作機會，遠遠勝過她原來一心渴望的那個工作。她的事業扶搖而上，航向一個完全不在預期中的方向。

當你面對著一個你認為競爭非常激烈的工作或任務時，堅決遵循此一步驟去做，並準備接受一個會讓你驚奇並喜悅的答案。

想像圖像的神奇力量

你的潛意識接受兩個觀念的控制，你所控制或掌控的印象支配了生命中的所有階段。雨果是洛杉磯地區一家軟體公司的平面設計師，五年前他來拜訪我，並談了約一個小時。他和妻子有兩個十多歲的青少年兒子，妻子因為有多種過敏症而無法工作，而洛杉磯地區的空氣污染對她更是雪上加霜。他的待遇不錯，但仍然無法過寬裕的日子。他們住在一個沒落地區的一棟小房子裡，只供得起一輛五年新、並且經常拋錨的平價車。

我向雨果解釋如何有建設性地使用想像力。在我的建議之下，他寫下：

> 我現在就要求上天賜予財寶，而我潛意識將回應如斯。我為我的家庭要求健康、滿足及一棟美麗的房子。我的妻子、兩個兒子和我都需要一輛自己的車子，而我的潛意識將使這些要求付諸實現。我會升職，我會成功，我在此感恩所有這些得以實現。

雨果和他的妻子於是養成一種習慣，即是在心中投射一幅想像圖像：一棟由美麗院子圍繞的寬敞房子，周圍空氣清新，鄰居和善。他們還想像了一個有四輛車停放其中的車庫畫面。每晚就寢前，雨果對他的潛意識傳達下列的信息：

的成功。

我非常感謝上天的財寶，生生不息、無所不在、永恆不變。我感恩我的升職與顯著

有長達三個月的時間，什麼事也沒發生，但雨果和他妻子依然維持著全然的信心。然後，就在他升職為部門主管後不久，他的公司被一家大型軟體公司所併購。雨果手上的股票選擇權忽然間價值數百萬元。此外，該公司的營運轉換到德州的奧斯汀市，那裡的空氣清新，而且他有能力在那裡買下一棟美麗、寬敞的房子，並且還有一個大院子，而價格只比他將洛杉磯的小房子賣掉後所得到的款項多出一點點。他妻子的過敏症也未再犯，而他們的兒子各自駕著他們自己的小跑車到新的高中去上學。

有效想像力的冥想

我的憧憬是亟欲知道更多有關上蒼的工作；我的憧憬是美好的健康、和諧與平靜；我的憧憬是信仰神聖的力量正以各種方式引導我及帶領我。我知道並相信，在我內心裡的上蒼力量會回應我的祈禱，這是我心裡的深沉信念。

我知道我忠誠以對的心智圖像將會在潛意識中發展，並且將出現於宇宙時空的想像

螢幕上。

我為我及其他高貴、美好及神聖的事物而想像，使其成為例行常事。我現在想像我正在做一直想做之事；我想像我現在擁有我一直想擁有的東西；我想像我正是我一直以來想做的人。為使其為真，我感受其真實；我信其功。感謝上天。

本章牢記要點

1. 沒有想像力的心靈就像沒有望遠鏡的天文台。想像力是我們最具威力的諸多能力之一，它有將你的理想於空間的想像螢幕上具象化的能力。
2. 你可以制訂自己的一份寶藏地圖，列出你心中所抱的需求。一天審視好幾遍，要求並想像每一項需求現在都得以滿足。堅持不懈的去做，然後你會發現，這些印象將會深刻寄存在潛意識中，而這將會帶著它們前進。
3. 如果你在憂慮或擔心一場會議或是法律訴訟的結果，使你的心平靜下來，並且祈求所有牽涉其中人們，他們的頭腦與心裡都能夠和諧、平靜，並受到靈性的啟發。選出那交給你任務的人，並想像他正在告訴你要和諧地進行協議，並且一再重複地聽見它。讓你自己在「皆大歡喜」的句子中入睡。你將會成功地將解決辦法注入到你的潛意識裡，然後就會出現一個完美的協議。
4. 一個繼承了以卜杖探測水源能力的導遊，說服了他的潛意識，不管任何時候，當他走到水源所在地區，他的手臂就會變得緊繃，而他手中的銅線會指向確實的地點。他的潛意識以成功的占卜回應了他的信念。
5. 如果你在賣房子時有困難，在睡覺前想像你手持一張填寫了全部金額的支票。為那支票感恩，感受它的真實、自然及其奇妙總總，並且想像你自己在銀行櫃檯的窗口存這張支票。感恩你更高層的自我，而你將會發現在你祈禱時會發生奇妙的事情。

6. 當你和其他人在競逐一紙合約、一項任務或是一個位置時，可以確認「我根據上天為我所準備的財寶而接受此一任務或更美好之事」，來避免焦慮及緊張。如果你並未獲得那個特定的位置，將會有遠比它還更為美好的事情為你開啟。

7. 即使你的理性與意識否定了你獲得財富、晉升及成功的可能性，但堅持你的成功及財務獨立自主的心靈圖像。你的心靈圖像將會沉入潛意識中，並付諸實現。唯堅持不懈者能得到勝利。

8. 充分利用本章結尾處的冥想，協助發展使你更善加利用想像力，在各方面都獲得一個更豐富的生命。

9　上天的增量法則

全世界所有的人都在想辦法倍增優勢。一種來自上天的迫切要求低聲激勵著各地的男男女女升起、超越、成長及擴張。此一內心的聲音堅持要求：「升起來，我需要你。」

你想要朋友、更好的職位、一個更豐富的生命；你想有足夠的金錢，不用再為它煩惱；你想要誘人的美食、舒適而又迷人的衣服、滿足你所有需求的一棟房子、一輛好車，以及生命中其他所有的美好事物。偶爾，你也想要到處去旅行，親眼目睹大自然的美麗及人類所創造的美景。最重要的，你想要學到更多有關從心智中創造財富的法則，這使你能夠接通內心中無窮盡的寶庫，並且體驗更為豐富的人生。

將你播下去的種子擴大及增加，正是土壤的天性。在地上種下一棵橡實，而你可以期待將來會出現一片森林——但是唯有上天能教它增長。同樣的情形，你在心裡種下財富、豐饒、安全及正確行動的念頭，並且以信仰和期望灌溉，那麼，財富與榮耀將是你的囊中之物。

「增長」意謂著你在所有路線上的優勢增加，包括在精神、靈性、情緒、社會與財務上。每一個念頭都是最初的行動。當你開始考慮在你潛意識中及所有圍繞著你身邊的財寶時，你會對財寶如何從四面八方流向你而大為驚奇。

八月時，我在一艘豪華遊輪上帶領了一場研討會，這艘船拜訪了加拿大與阿拉斯加州的數個港口。在加拿大的維多利亞港，有十八個修習心靈法則的學生登船加入我們。我們整個下午都在討論潛意識的神奇與智慧。有幾名參加者告訴我，他們閱讀我所寫的《潛意識的力量》一書，並且應用其中所提出的法則，而這改變了他們的生活，帶給他們更大量的財富、快樂、心靈平靜及生命的充實。

使用增量法則讓他獲得大筆財富

有一位參與我們討論的人，名為傑瑞米，從事大型營建業。他後來告訴我，多年來他持續祈禱上天賜給他成功。而在同時，他花了許多時間在擔憂金錢匱乏及他所從事行業的危機情況。他前往拜訪家人，離開時心中卻被他們的財務窘境所佔滿。在那之後的數天，他不斷地談到他們的窮困。在他的心裡，事實上他已看到他們穿著衣不蔽體的衣服。他無法理解，為什麼他和他的親人似乎從來都未獲得成功。

有一天，傑瑞米聽到一位心理學專家的談話。後來，他請求對方提供一次諮詢。他描述了他的困境與迷惑。為何他想要成功興旺的祈求從未得到回應？那位顧問解釋，每一個念頭都會啟發想像力。只要他還是心裡在想著自己或其他親人的貧窮或侷限，就會有效地抵消掉他自己的祈禱，並且繼續陷自己於貧困之境。

對傑瑞米而言，這不啻為天啟。他努力翻轉他的思潮，宣誓他深信上天將會使他在各方面都興旺繁茂，並且對他的親戚亦一視同仁。他開始為每一位他遇到的人祈求上蒼的財寶。他的境況迅速改觀，變得越來越好，他的生意後來好到令他難以置信。到了今天，他擁有兩架私人飛機，協助他對其營建公司分布廣泛的營運情況進行視察。

傑瑞米成功了，因為他學到了一個能實現個人抱負的偉大法則：當你為他人祝願時，你也是在為自己祈福。或者，正如一句印地安老諺語所言：「朝向我兄弟家而來的船，也是朝我家而來。」

一位教授使用增量法則來獲利

安曼達加入我們在遊輪上的談話，她是一位哲學領域的學者。她告訴我，她在專業領域上的成功，僅有部分是歸功於她在教學及研究上所花的時間、精力與熱忱。

「我從一開始就抓到了重點，」她說，「就是為同事的成就而高興。我視我們為一個團隊，一起為增進人類知識努力。任何人的成功，也就是我的成功。」

「而成果如何呢？」我問道，而我知道她的答案會是什麼。

「我的同事們成功了，」她回答，「他們大大地證實了增量法則以及上蒼所慷慨贈予的財寶無所不在。而且，不論如何，不久後我還領悟到另一個成果。在我為周遭同事的好運道而感到高興及感謝時，我也同時進入了一個替自己帶來好運的程序。」

安曼達的理解相當正確。祝福他人成功的念頭進入了她的潛意識，而沉積在潛意識裡的任何事情都會以增強為六十倍、一百倍，甚至上千倍的面貌出現。結果依據熱忱、喜悅及思維模式的強度而定。目前安曼達在一所古老且著名的大學擔任正教授，而且是其中最年輕的正教授之一。在思想上為所有人的財富及豐饒而高興，而你必定會在自己的生命中體會到增量法則。

從只有一塊錢到實現夢想

來到阿拉斯加的茱諾之後，我在午餐時與鄰桌的一位男士聊了起來。當我讚美他穿的舊皮夾克很有型時，他說：「這可有一個故事。這件夾克是我叔叔給我的，他年輕時是一名戰鬥機飛行員。有一陣子，我經歷生命中一段不堪的時光。當事情結束，我來到茱諾時，已經技窮力竭，口袋中只剩下一張一塊錢鈔票。」

「情況可不太妙，」我說，「結果你怎麼辦？」

「我發現自己想到一個事實，那就是全世界，以及其中的任何一切，均是來自上天的意向。」他如此回答。「我開始散步，手裡緊握著摺起來的一塊錢，而腦袋裡有一句話一再地重複出現：『上天請盡量增多這錢，因為唯有上天能教它增長。』」

他停頓了一會兒，搖搖頭，繼續說下去。「我走遍全城，忽然間我感到十分飢餓，我朝四周看去，發現我靠近一個飛機場。我走進候機大廳，看到一個點心吧。我詢問那老闆，一塊錢可以買到什麼時，他卻說，如果我能幫他一個忙，我可以吃任何我想要吃的東西。他的櫃檯員工一週前辭去工作，而他得自己做所有的事情，都快忙瘋了。長話短說，後來我留了下來。很快我就開始自己經營點心吧，並且得到一份分紅。」

「所以你的錢真的大量增多了，」我評論道，「但這和你的夾克有何相干？」

「這才講到真正有趣的部分。」他說，「有一天，我正要下班時，有一名平常不會到茱諾作業，飛行於加拿大北部或阿拉斯加叢林地帶的定期航線飛行員，他注意到我的飛行夾克。於是，我們聊了起來。當我們越聊越多，我才更加了解，我一直想學飛行，就像我的叔叔一樣。我開始去學習飛行，並且取得了飛行執照，後來……總之，七年後，我擁有了自己的一小隊包機，我們載著人在全阿拉斯加到處飛。工作很辛苦，但也有所收穫。我如果沒有仰望上天，祈求所有的賜福，我絕對不會成功。我知道上蒼的財寶自由地流動，並且快樂地、不斷地流進我的生命。」

財富增長的機會為你而來

就像我在茱諾所遇到的飛行機師，你可以使用心靈法則來發展、前進，並且以各種方式來解釋。你不妨就在工作的地方放手發揮吧！對周遭所有的人，對各地方所有的人做到體諒、親切、友愛、慷慨，並且滿心善意。在同時，不要怕從大處思考。仔細思考財富及成長的法則，你可以在周遭處處看到它們的證據。不管你目前在做什麼，為它祝福，同時也要了解，這只是你獲得勝利及成功的墊腳石。認清你真正的財富，並且要求在你的心裡發財、晉升及受到賞識。確認你為每天所遇到的人祈求財富及成長，不管他們是你的上司、同事、客戶，或者是一位朋友。讓它變成一種習慣，如此你將會成功將其注入於你的潛意識中。其他人會感受到你所散發出來的財寶與晉升的光與熱，而吸引法則將會為你開啟新的機會大門。

為何增量法則對他無效

「你的種種理論聽起來挺不賴，」一位名為羅傑的男士在一場演講後對我說，「但是它們在實際上根本無效。從上個月第一次聽過你的演講後，我每天兩次，申明我要發達、要富足及成功，但是我什麼都沒得到，也難怪我的樣子如此糟糕。我做生意賺的每一分錢都還要拿出去繳稅。我都快被一堆官僚和領社會救濟金的混混給生吞活剝了。」

在談話時，我看得出來，羅傑事實上是在誇大他的財務困境，但我不明白為什麼。他責備政府、稅捐、工會、社會福利，以及整個政治體系。他最愛的論調，就是他是現實環境下的受害者。

「你是否記得，」我問他，「當時我是說，如果你在關注些什麼，你的潛意識就會吸收，並且在你的經驗中增強、放大？」

「我當然記得，」他如此回答，有點不耐煩，「不然你以為我花時間去祈求要發達等是為了什麼？」

「你那麼做，每天要花多少時間？」我問。

「唔，每天早上和晚上各五分鐘，」他說，「那不正是你所建議的嗎？」

「那麼你每天花多少時間在思考及討論你的財務困難、稅、政府等事情？」

他的臉色大變：「噢，我明白你在說什麼了。」

「只要你持續抱怨及反覆嘮叨你的財務困難，」我說，「你會將它們擴大，並且讓自己陷於貧困。只要你依然視自己為一個受害者，潛意識就會安排讓你受害。只要你一直將你的問題歸咎於外在的因素，你就是為這些外在因素而祈禱。但當你開始了解，你才是掌控情況的主人，你就會變得能當家作主。這才是真正的心靈法則。」

他如何徹底改變有瑕疵的思維

在我的建議之下，羅傑徹底改變了思維的程序。他開始明瞭，他可以開始去實行一個具有建設性的程序，這將會超越情勢及環境的情況。他每天的祈禱文如下：

我的事業就是上天的事業，而上天的事業永遠發達。我充滿智慧地、滿心喜悅地，並且以建設性的方式來使用上蒼的財寶，造福我自己及其他人。我明瞭增量法則正在作功，而我以開放及包容來接受上蒼的財寶及豐足的增長。我的豐足滿溢，來自潛意識之內，來自潛意識之外，來自上天永無窮盡的寶庫。白天黑夜，我將吸引那些因索求我所提供之物而來的人們。他們發達了，我也發達了。我的腦，我的心，開放給上蒼所注入的財寶，從現在到永遠。

當他把這些內在的真理灌注到自己的心裡後，羅傑的事業真的繁茂昌旺了，而且他外部的供應變得越來越豐足。在一個月的月底，他注意到整個財務的狀況發生了巨大的變化。他看到堅持與人為善與停止對於匱乏吹毛求疵的巨大好處。他發現，專心致力於上天的財寶，是財務成功的主要因素。

福杯滿溢

在我最近一次造訪歐洲時，我去拜訪了一趟著名的「法地瑪聖壇」。我在用午餐時，有一名大約十六歲的女孩來到我的餐桌旁，說她從電視的佈道中認出我來。

「我是葛蘿莉亞，」她說，「來自阿拉巴馬州的安寧斯頓，我想要為你去年寄給我的信及祈禱文道謝，我照你所說的去做了，而因此我現在人來到了這裡。」

「我很高興聽到這個消息，葛蘿莉亞，」我回答她，「但我必須坦承，我不記得寫信給你。你可以提醒我一下嗎？」

「噢，當然，」她說。她的雙頰因為發窘而變得有一點泛紅。「我曾經寫信給你，說我真的很想、很想來法地瑪聖壇，但是我沒有錢。我的父母知道我有多想要來，於是他們同意了。他們也很想要幫忙，但是他們每個月到了月底也都沒有餘錢。」

「所以我寄給你一篇祈禱文。」我說。

「答對了，」她回答。她伸手朝她的背包裡掏東西，「我來拿給你看，我總是隨身帶著它。」

她拿出了一個透明的文件夾。裡面是一張手寫的卡片，上面一絲不苟地寫著：

在上天的旨意下，藉著上蒼之愛，上天為我打開暑假前往法地瑪聖壇的道路。

「我每天早起第一件事和睡前最後一件事，就是對它冥想，」葛蘿莉亞解釋，「而且白天不管在任何時候有片刻的時間，我也都會這麼做。還有每天晚上，睡覺以前，我都會去想像我看見這趟旅程，我搭飛機，踏上葡萄牙的領土，來到聖壇……我試著去揣摩所有當我真正地來到這裡後的所見所聞。」

「很好，」我笑著說道，「我可以看到你已經到了這裡，所以那個方法想必有效。」

「當然有效。」她斷然地說。「後來發生的事情是，我與我的朋友珍妮佛共度週末。她媽媽和爸爸說，他們正在籌劃要到西班牙和葡萄牙去度假，我很高興，說你們到了那裡時一定要去法地瑪聖壇。我告訴了他們所有有關它的一切，而到最後，他們邀請我和珍妮佛結伴同行。」

葛蘿莉亞在她受過訓練的想像力中，已預備好前往她想要去的地方。她成功地將之注入到潛意識中，並且還帶著圖像。然後，她的潛意識接手，並且在她朋友雙親的腦中運作。他們成了將她的祈禱付諸實行的通道。

在返回她朋友身邊前，她握住我的手，並且說：「我現在真正知道『福杯滿溢』的真正意義。」

「我相信你知道，」我回答，「而且要記住，只要祈求，就會獲得。」

事業成功的冥想

使用以下有力量的冥想來注滿你凡事成功的福杯：

我現在深知上蒼無所不在，無所不作；我知道睿智的上天引導地球循序而進；我知道唯一的智慧管理及指揮我的所有事務。我祈求並相信上天的同情心隨時與我同在。我知道我所有的行為都由居住在我內心的神祇所控制，所有我的動機都是神聖且真實的。上天的智慧、真與美，不斷地透過我來闡釋。在我心中的全知能量知道做什麼及如何去做。我的事業或專業完全由上蒼的愛所控制、掌握及引導。上天的引導與我同在。我心平和，天地的答案我知道。我憩息於永恆的懷抱。

本章牢記要點

1. 全世界所有的人都在想辦法尋求增長；這是我們內心的迫切追求，希望我們一生中所有階段都能更加圓滿、更重要、更偉大。你在土壤中種下麥子、大麥或燕麥，但卻是上蒼賜予你增長數以千倍的穀粒。
2. 增長意指你在所有層級的利益都增加。
3. 不要談論他人財務上的匱乏、貧窮或弊病，如此做將招致你自身的匱乏。在心理上以上天的財寶賦予每個人。停止誇大你自己的財務困境，並且停止談論你的金錢匱乏。從內到外，將注意力放在上天的財寶上，而你將繁茂興旺。注意力是生命之鑰。
4. 為你周遭所有人的進步、好運、發財及升遷而高興；為人們能夠體驗、表現，及展示上天的財寶而感到歡喜。當你這麼做時，你會吸引各式各樣的財寶到你自己身上。你的想法具有創造力，而當你想到別人的種種時，你也創造了自己的經驗。
5. 對金錢保持善意，不管是一塊錢鈔票或一枚硬幣。要了解所有一切源自於看不見的上天或人的心靈。要了解上天或是聖靈是所有賜福的源頭，而當你請求賜福時，祂自會回應。
6. 對你工作的場所給予最佳的祝福，而它也會回到你身上。要親切、和善與友好，對所有人表達善意。當你這麼做時，所有的門戶將為你的成長、擴大與財寶而開放。

7. 對你想要成為什麼樣的人、做什麼樣的事、有什麼樣的東西，形成一個清楚的心智圖像。要知道你的潛意識擁有支持你的力量與智慧。堅持不懈與下定決心，變成你想要成為的人。你的心智圖像將會在你的潛意識中發展，並且具體化。

8. 當你在祈禱金錢的增加時，切記不要責怪政府、社會福利體系及稅。這麼做將造成金錢離你遠去，而非向你歸附。你想要的是更多的金錢。要理解上蒼的財寶將在你的生命中循環不息，而上天總是會給予厚賜。你所有的批評或責難，都將會在你的生命中如實顯現，你會成為你所沉思默想之事。沉思默想上天將極度地增加你的好處，你的事業成了上蒼的事業，而你將繁茂昌旺，遠超過你最不可能的想像。

9. 如果有一個你早就期望成行但卻無法負擔的旅程，那麼你可以刻意及衷心地宣告：「在上天的旨意下，藉著上蒼的愛，上天為我開了路，讓我能進行此一旅程。」看見你自己登上飛機，並且到達目的地。使其進入你的想像中，直到你感覺其宛然若真。一旦你在潛意識中牢記了此一圖像，路為你開啟，曙光露面，而所有的陰影都將悄悄溜走。

10. 本章結尾處的冥想將能助益你注滿成功生活的福杯。

10 打開財富的自動門，展開華麗的生命

通往上天財寶的通道是藏在你心中的神奇心靈寶石。數個時代以降，人們都在尋找通往財富與成功的鑰匙，卻不知道其實鑰匙就在他們自己心中。

你降臨世間是為了過一個豐盛且快樂的生命，讓你內在隱藏的天賦得以表達，被禁錮的壯麗得以釋放。上蒼是賜予者，也是禮物，上蒼所有的財寶等待你去發掘、運用及享受。

為了導向富裕、榮耀及豐饒的生命，應用你心智中的種種法則，你可以從你內在的寶庫中喚出你需要的所有一切。

她為自己開啟通往財富的門戶

幾年前，我教授了一堂「從愛默生的觀點看心靈法則」的課。其中一位出席者是一

位名為卡蘿的年輕女性，她花了整個早上的時間去完成申請工作福利制的程序。她有兩個小孩，而他們的父親最近離家，不知去向。

當我引用愛默生詳盡闡述有關心靈法則的一段話時，我注意到她熱切的態度。其中有一段話特別打動她，而且這也是我最喜愛的一段話，就是愛默生說：

在我所有的告誡中，我只有教一個原理——人的無限，就是每個人心中無所不在的神聖存在，當他有需要時，可以從中汲取的力量是用之不盡，永不枯竭的。

卡蘿在下課後找我談話，說到她記得在大學時讀過愛默生，但當時她對於愛默生卻完全沒有印象。教授所教的愛默生是十九世紀美國的一位文學家，而非能提供我們所有現代人極其重要教訓的偉大思想家。總之，她現在領會愛默生了，並且以一種全新的觀點來看他的思想。她宣布，她計畫開始使用這些觀念來汲取她內在的神聖存在，並且答應讓我得知結果如何。

透過財富，她證實了上天的力量

過了幾週，卡蘿造訪我的辦公室。她臉上的表情改變了，就像那些做了某些了不起大事的人們一樣。

「我的生活完全改變了，」她如此宣稱，「我想要告訴你所有的事情，而且我希望你能將我的經驗與其他人分享。」

「我保證，」我回答，「你做了什麼事？有什麼結果？」

「在你的演講後，」她說，「我回到家中，並且寫下了一段宣言，是我想要給我潛意識的一個訊息。就是這個。」

她遞給我一張卡片。上面寫著：

> 我認知並讚美我內在的本源，而且與我的思維接觸。我感恩通往財富的通路現在已為我敞開。上天的財寶自由地向我流動，而每天都有更多更多的財富在我的生活中循環不息。我生命中的每一天，無論在精神、靈性、財務與所有其他道路上，都變得越來越富足。我感恩厚賜百物給我們享受的上蒼。

「一天中有好幾次，」她繼續說下去，「我都會讀它，並且以感情與熱忱做出宣示。我現在了解了，當我在塑造內在的思想生命時，我的外在生命亦隨之跟從。而且，它還真的有效！」

「唔，你知道，」我評論道，「愛默生說過：『思想是每一個人的鑰匙。』聽起來你似乎已經找到方法來轉動這把鑰匙了。它有帶來你所希冀的平靜和成功嗎？」

「還有如何帶來改變！」她笑著說。「從一開始，我就發現我變得冷靜多了，也更有信心。我不再斥罵孩子，而每一次打開信箱，並且看到又有一疊帳單時，我不再感到心裡一沉。我知道，門戶已開。然後，在昨天，信箱裡有一封信，是休士頓的一名律師寄來的。當我的祖父在數年前過世時，他留給我和我的堂兄弟一些在德州西部的礦權。一家石油公司曾租用了探勘權，但那沒什麼了不起，我一年才分到約五十美元。但是，現在，他們在天然氣上可挖到寶了。我今年的開採權利金幾乎達到十萬美元，而以後可能還會更多。金錢就是上蒼的思想在我生命中流動不息。」

卡蘿的財務困境一掃而空。她發現通往成功的門戶是經由自己的潛意識，而她已經找到了它的通道。

他找到了真實表現的大門

不久前，我與提摩西談了一些話，當時他才剛被他工作了三十年之久的非營利組織新上司革職。

「我已經技窮了，」他告訴我，「不管我往哪裡試探，我都被拒絕。雖然他們絕口不提，但我知道，是因為我的年紀。如果他們提出任何原因（大部分都不會），他們會說一些如需要新鮮的想法或新的方法。我知道他們真正的意思，就是我不再是二十五歲了。」

「當然不是，」我說，「但是你要提供給雇主的不是你的年紀，你是要把自己多年來所獲得的知識、經驗及智慧出租給他們。你所尋尋覓覓的對象也正在苦苦尋找你。」

在我的建議之下，提摩西採用了一個新的方式。他了解潛意識是通往生命表現、豐足與財富的門戶後，每天晚上和早上，他都進行祈禱。他的祈禱文如下：

睿智的上蒼知曉我隱藏的才華，並在上蒼的旨意下為我開啟了一扇新的表現大門。此一消息立刻向我潛意識顯現。我將遵循著那清楚明確呈現於我心智中的線索。

到週末的時候，他注意到在電視上有一場募款活動，並且發現心裡湧現了一整套構想，可以改進及加強該主辦團體的實施步驟。當他查看該團體的網址時，他發現其中一名幹部是他多年前在一場研討會上見過面的舊識。他請對方安排了一次會面，走進辦公室，並且解釋了他的想法。那名幹部聽完後，說：「提姆，如果你能看清前途並且接受它，那這裡有一個為你而設的位子。我們真的需要一些新鮮點子，就像你的一樣。」

提摩西立刻就接受了此一提議。他的薪水與權責遠比他前一個職位要大得多。

記住，要和生命中的財寶構成連結，它來自內在，而非外求。你的環境中充滿了攜帶著廣播與電視訊號的電磁波，但如果你想要享受某個節目的好處，你必須要使用適當的設備，並且連結到正確的頻率。宇宙的財寶亦復如此，它們全都在我們周遭，但是你必須使用正確的設備，也就是你的潛意識，並且進入正確的頻率（有效的祈禱），才能得到你想要的結果。

日本之旅美夢成真

達子是一名有日本血統的年輕女性，習慣在每天早上聽我的廣播節目。她在一封信中告訴我，那節目是如何改變了她的一生：

我一直夢想要去日本拜訪我的奶奶，她已經八十多歲了，但是飛機票實在是太貴了。有一天，我聽到你說，想要去旅行口袋裡卻全無分文的人該如何做。你說我們應該要相信，我們早就已經得到回覆了，我們只是要採取一些行動，指示我們的信念，我們的祈禱已經在更深層的心思中得到了回覆。我決定試著去照做。我確定我的護照依然有效後，就收拾了一個行李箱，將所有需要的東西都裝進去，並且就放在我公寓門邊。

接下來，我每天早上和晚上都花時間去想像這些情境：我抵達了日本、去到我奶奶的家、給她一個溫暖的擁抱，並且以日語談心。我在心裡反覆地上演著這些情景，直到感覺這些情況宛然如真，而非出自於想像的一幕。

在我開始這項計畫後不久，我碰到了一位大學舊識。他告訴我他剛從澳洲回來。當我問到他如何能負擔如此昂貴的旅程時，他說他是以信差的身分前往。有些公司企業在送一些貴重的貨物到海外時，常常發現以專人攜帶行李的方式比較迅捷也比較安全。如果你能夠隨時出發，並且限制自己只帶著隨身行李，那你可以得到驚人的好康。

於是我當天下午就打電話給一家送件公司。兩天後，他們打電話來，詢問我是否願意護送某些設計圖樣到東京。他們提供來回機票，我只需要花一百美元！翌日晚上，我就如之前想像的那樣，擁抱著我的奶奶。

請告訴每個人，要對內在上蒼的力量有信心。你的利益會以你預料不到的方式出現在你身上。

一位物理學家找到通往財寶的門戶

拉維出生於印度的馬德拉斯，是一位年輕物理學家，不久前來拜訪我。他告訴我他對於現實的理解，並且也是現代許多物理學家共享的概念，就是靈與物質實為一體。能量與物質則可以相互轉換與交換。物質是靈中的最低層次，而靈是物質的最高階。換句話說，它們是同一件東西的一體兩面。正確的理解是，「物質」是宇宙的本質，或者是靈或能量降到一個肉眼可見的程度。已成形或尚未成形的世界，皆是由一種我們稱之為靈的本體所構成。所有事情皆可由對靈的自我冥想而成就。

拉維告訴我：「我是靠著一筆少得可憐的獎學金來到美國，幾乎不夠維生，但是我並不驚恐。我知道看不見的東西終會被看見。我就在我的心裡宣告：『上天是我即刻且無窮的供給者。它會以食物、衣服、金錢、朋友及所有我在當下即刻所需要東西的形式出現。我做此認定，而且我知道它現在就會實現，因為上蒼就是永恆的當下！』」

他的宣告藉由一個完全陌生的人而得到實現。他們在坐電梯的時候相遇，對方說他最近才去印度出差回來。結果他原來是矽谷一家積體電路晶片製造商的研究機構主管。當他聽到拉維的專研科目後，立刻就提供了一個他實驗室裡的職位，並且還有相當可觀的薪水及股票選擇權。

絕對不要輕忽了個人祈求上天的力量，上天即刻且無窮的供給從不令人失望。它將會在後來以各種的方式，經由許多不同的管道，也許是經由完全的陌生人來具體地呈現出來。記住，你本該生而富足，並且經由上天所賜予的能力，你必然會在所有的路線上得到成功，而這些全都以含笑的姿態躺在你的心裡。

幫助他人找到人生的寶藏

當你希望幫助一個朋友、親戚、同事或任何來請求你幫忙的人找到人生中真正的位置，並且在活力與天賦上都變得很豐富，請使用下列祈禱文進行冥想，好為他們啟動這些力量：

聖靈以其智慧為〔當事人名字〕開啟生命中真實表現的門戶，他在此可以做他喜歡做的事，憑藉上天的力量快樂及繁茂興旺。藉著上天的力量，引領他到對的人身旁，賞識他的才能，而他會因為提供優秀的服務而得到非比尋常的收入。他很清楚自己的真實價值，而且有福氣能因上天的財寶而昌盛興旺，遠超出他的想像。我將此一祈禱傳給我的潛意識，它有能力將之付諸實現。在上天的旨意下，它將使其付諸實現。

緩慢地、輕聲地、充滿感情地及明瞭地重複此一祈禱文，將生命、愛及熱情灌注到每一個字當中。你將會驚訝於潛意識的智慧會做出的回應。它從未令人失望過。

改變態度，就會開啟財富的門戶

最近，在聖地牙哥舉行的一次系列演講時，一名男士前來我的旅館找我。他介紹自己是克里夫，是一家財務服務公司的掮客，然後，他說：「我一直都在早上和晚上祈禱，祈求成功與升職，但就是沒有效。我有良好的教育背景，也有許多經驗，該具備的都具備了，但我就是什麼都得不到。不僅如此，我的財務也真的很困窘。我用保證金買賣大筆生物科技的股票，而如果最近沒有什麼轉機，我就會徹底毀了。這不是我的過錯，我諮詢的人給了我極差勁的消息。我猜他們也許是故意要來坑我。」

當我們在談話時，我發覺克里夫對於他的前雇主及他目前服務公司的上司，有著深層的怨恨與偏見。

我向他解釋，只要他的心中塞滿了敵意、怨恨及恐懼，他不及格的態度將會抵消掉他所有的祈禱。這有點像將酸與鹼混合在一起；兩者相互抵消、中和。

我建議他重新導正他的心理，強調與人有利的思維，並且進入寬恕自己及他人的心意。相應地，他開始依照下列的祈禱文，一天冥想兩回：

我原諒自己懷有負面及破壞性的思維，而且我將我以前的雇主與現在的同事都完全釋放給上蒼，希望他們所有人得到生命的祝福。任何時候我想到他們其中任何人，我將立刻就確認「我已經釋放了你；願上天保佑你」。我知道，當我持續這麼做時，我將會在心裡遇到他們，並且將不再會有任何不快存在。我要求現在就晉升，現在就成功，現在就和諧。上天的法則與旨意現在與我同在。上天的財寶大量向我湧來。生命是成長與發展。我是上天財寶的一條開放通道，而它永遠存在、永遠有效、永遠不變且永恆不朽。我現在所宣告的事情將會實現，上蒼之光照亮我身。

克里夫忠實地遵循著此一祈禱的程序，他很謹慎，不再事後又否定他剛才宣誓的事。他發現自己吸引了新的人，並被潛意識牽引到某些書籍、教師及班級上去。他發現他已經觸動了潛意識中一些微妙的力量運作，而這與他習以為常的思維及祈禱的活力有相聯關係。他很快就被晉升到公司的洛杉磯辦公室，薪水也高得多。此外，他所投資的公司之一，獲得了一項極具價值的製程專利權，股票在一週內漲了三倍。克里夫發現，他改變的態度才真是實現其夢想的門戶。做高貴及神聖的夢，當你在夢想時，你就會變成這樣。你會走到夢想所到之處。

開啟通往正確行動之門的冥想

下列的冥想會助你建立判斷與信心，讓你在任何情況下皆能採取正確的行動：

我以思想、文字及行動向所有的人類散發善意。我知道向每一個人所散發的和平與善意將會成千倍地回歸到我身上。內在的力量會傳達給我所需的知識，睿智的上蒼藉由我而運作，向我顯示我所需要知道的事。在我裡面的力量知曉答案，我現在已經明白完美的答案。睿智的上天與無窮的智慧藉由我而做決定，我的生命中只有正確的行動與表達。每天晚上我將自己裹在上天之愛的懷抱裡安然入睡，我知曉上天在指引我。當黎明到來，我安靜祥和。我向前邁步迎接充滿信念、信心、信任的新日子。感謝上天。

本章牢記要點

1. 通往無窮財寶的門戶奠基於心靈的寶石：你出生在世是為了過一個富裕、榮耀及豐饒的生命。你出生在世是為了從生命裡擠出最後一滴的快樂。

2. 愛默生教導一個原理——人的無限。這意指上蒼的財寶就在你裡面。你可以經由思考生命，而接觸你內在神性中所有的力量。當你想到財寶、指引、靈感或好點子時，你將會得到符合你思想本質的回應。它會做出相對的反應。

3. 你不是要出售年齡給雇主，而是販賣你的天賦、能力、智慧和經由歲月而獲得的經驗。要知道，你所尋尋覓覓的對象也正在苦苦尋找你。要求聖靈為你開啟一個新的表達門戶，而你可以得到充足的財務報酬。它從不會令人失望。

4. 如果你想要去世界任何地方旅行，那麼就設想你的祈禱已經成真了，開始著手所有必要的行前準備工夫，彷佛你的口袋中真的有錢似地。若你相信自己現在就擁有，那麼你就會得到。在你的想像中，感受你此刻就在那個國家或城市。經常重複此一戲劇般的動作，直到它進入到你的潛意識中，然後它將會使其付諸實現。

5. 靈與物質實為一體，能量與物質亦為一體。科學家們以「能量」一詞代表「靈」，而靈就是上蒼。上蒼是唯一的存在、力量、致因及本質；因此，靈就是金錢、食物及衣物等實際存在的東西。所有的物質世界不過就是不同形象的靈，只是化而為可以眼見為實的形式。宣稱上天或聖靈是你即刻且無窮的供給者，而現在金錢在此一非常時刻自由地、充滿喜樂地，並且永無匱乏地向你流動。相信並且知道，理解並且領會，無定形的將會不斷地採取不同形式顯現。讓金錢和各種的財寶現在就向你流動。

6. 當你希望為其他人祈禱財富與真實的表達時，要知道聖靈為他的真實表達開啟了一扇門戶，而上天的財寶也正向他大量湧至。

7. 改變態度就改變了一切。如果一個人將重點放在寬恕的精神上，而且對所有人心懷善意，並且原諒自己心懷失敗、匱乏及怨恨的念頭，然後將生命、愛、能量及活力灌注到他的晉升、財富、擴展、榮譽、名望及表彰等念頭中，他的內心深處將會對這些混合的利益做出回應，而他的沙漠將會充滿喜樂，並如玫瑰般地綻放。

8. 讓本章結尾的冥想深入於你的思想中，如此你可以決定採取正確的行動。

11 財富目標，立即得到

你生命中健康、財富、興旺繁茂及成功的關鍵，是在於你擁有做選擇的能力。這最偉大的發現可以讓你了解到的重要事實是：在你心裡，早已存在著一個無窮無盡的智慧與力量。它能讓你解決所有的問題，並且變得富裕、快樂、自由及滿心喜悅。你是注定要贏的，你的內在具備著上天的所有本領，使你能夠主宰及統御自己的命運。

如果你並未察覺自己的能力，也就是你有從上天棲息於你心深處的處所——你內在的「天堂」——做出選擇的能力，那麼，你反而會根據事件、情勢及周遭的情況做出決定。更糟糕的是，一旦忽略了內在的力量，你反而會提升那些只會短暫存在的情勢的力量。要從你內在上蒼的天國中選擇，昂首邁向快樂、健康、自由及豐富生活的坦途。

選擇的力量

你的選擇力量是你最與眾不同的特質與最高程度的特權。你選擇及接受所做選擇的能力，顯示了你身為上天之子的創造力量。

選擇的力量改變了她的生活

「我不知道我是不是一個酒鬼，」薇若妮卡這麼告訴我時，臉上帶著羞愧的神色。「但我知道我忍不住要喝酒。情況已經超出我的掌控，而它正在毀壞我個人及專業的生活。我的整個前途搖搖欲墜。」

「你說它超出你的掌控，」我同情地回答，「我知道那感覺有多糟。但是，事實上，在你與此一習慣的掙扎中，你確實有一件威力強大的武器。你有上天所賦予的選擇能力……從現在起，就選擇節制、心安、快樂及繁茂興旺吧。」

「告訴我要怎麼做，」她回答，「只要從這詛咒中解脫，我什麼都願意做。」

我給她的回答，就是下列的祈禱文：

我從現在開始選擇健康、心安、自由，以及節制。這是我的決定。我知道有全能的力量在支持我的選擇。我很放鬆，而上天的平靜之河流經我。我的精神食糧是上天的思想與永恆的真理，它們在我裡面呈現，帶給我和諧、健康、平靜及喜悅。在我的想像中，我與家人同在，做我愛做的事。我憑藉著上蒼的力量而快樂。任何時候我有飲酒的衝動時，我都會記起在我心裡這些憑藉著上天的力量而啟發的思想，而且，上天的力量會支持我。

薇若妮卡一天重複這段祈禱四至五次。她了解自己正將這些想法注入潛意識中，潛意識會接受一再重複的思想模式，尤其是特別深信而堅決的誓言。雖然緊張不安與動搖依然不時發生，但每一次她心中的想像螢幕都會閃過她曾做過的宣示。她想要戒除壞習慣的迫切希望勝過繼續沉淪的需求，而她的潛意識力量會支持她。

每個人都能做出正確選擇

每天早晨，當你醒來，在關心這一天有什麼事情待做之前，選擇回想並宣告下列永恆的事實。要記住，你一生中的經驗、狀況及情勢是你所做選擇的總和。大膽地宣告：

今天是上蒼的日子。我選擇和諧、平靜、完全的健康、上天的旨意及法則、來自上天的愛、美、豐富、安全，還有從天而降的靈感。我知道，當我要求這些生命中的真理時，我喚醒並啟動了我潛意識中的力量，它使得我表現所有這些力量及特質。我知道上天可以輕易地變成所有這些我生命中的事情，就像一顆種子變成一株草。我感恩這一切。

我們每一人，不管在任何的情況下，每天都應該做出這樣的選擇，它們是生命的原則。當你確認它們時，你使得所有這些上天的力量在你的生命中活動並發揮效力。你的潛意識會接受你的意識所相信之事，而你很容易就會相信和諧、平靜、美、愛、喜悅及豐富。

愛默生說：「只有原則得到勝利，才能帶給你平靜。」這裡有美的原則，並無醜惡；這裡有和諧的原則，其中毫無紛亂；這裡有愛的原則，其中毫無仇恨；這裡有豐富的原則，其中毫無貧窮剝削；而且這裡有一個正確行動的原則，其中毫無錯誤的行動。開始去選擇何者為上蒼的真理，而它的仁慈與生命的富足將為你所有。

決定選擇內在的無窮財富

因為上蒼居住在所有人的心中，那些害怕做出決定的人，事實上是拒絕承認他們自己的靈性。根據種種永恆的真理及生命中永不改變的重要原則而做出選擇，那是你神聖的權利。選擇要健康、快樂、發達及成功，因為你管轄著你的財務、商業、健康、職業的世界，還有與其他人的關係。你的潛意識容易受到你的意識所決定及相信的事情影響，而且任何你認定將會發生的事情，都會付諸實現。

若不做選擇會發生何事？

「我不知道要選擇什麼？」葛芮塔告訴我，「我怎麼可能分辨哪些才是合理或合乎邏輯的？」

「你現在已經做出一個選擇了，」我回答，「由於你決定不為自己做選擇，你已經決定接受任何來自於大眾的想法，以及一般的法則，而我們早就已經深入其中。假設你去海濱一家休閒飯店度假，如果讓你選擇房間，你是否會選有景觀而且有你所想要的設施的房間。如果你對房間不做選擇，那你就只能任由櫃檯人員決定你住哪間房。你相信櫃檯人員，勝過相信自己嗎？」

「這樣好像不太聰明，不是嗎？」她深思地說。「如果我真的有選擇的權利，不為自己去選那些適合我的想法、形象與觀念，簡直就是傻瓜。若我不為自己考慮，那麼就是讓其他人為我考慮，而後者我必須承擔他們做出的任何決定。」

在我們談話結束時，葛芮塔決定改變她的態度。她開始有建設性地主張：

我是一個可以選擇，擁有意志的人類。我有能力、力量及智慧來控制及引導我自己的心智及精神的進程。我每天早上醒來時對自己說：上天的力量在我裡面，今天我要從我內在的無窮寶庫裡揀選些什麼？我選擇平靜、上蒼的指引，及生命中正確的行動。我決定，我一生一世必有恩惠慈愛隨著我；我要住在上天的殿中，直到永遠。

遵循著這種選擇方式，葛芮塔的生命轉變了。她的健康更佳，她在工作上也更為成功，而且她的朋友替她找到了一位忠心且感性的伴侶。

無窮的力量支持你的選擇

你是一個有自我意識的個體，你有選擇的能力。在經過深思熟慮之後，你選擇了比較喜歡的一件夾克或是一雙鞋。你選擇自己的牧師、醫生、牙醫、家、妻子或丈夫、食物，以及汽車。你經常被要求在這一生中做出類似的選擇。你要選擇什麼樣的想法及形象？我要再次反覆強調，你的一生就是你選擇的總和。聰明地、明智而審慎地、建設性地做出選擇。選擇上天的真理，因為它們絕不會改變，無論昨天、今天，以及永遠，都會是一樣。

有些人說：「我讓上天為我做選擇。」當你這麼說時，你是指在你之外的一個神祇，上天或聖靈無所不在，也在你之內，它正是你的生命。上天（或睿智的造物主）唯一會為你作功的方式，是藉由你而作功。為了讓形而上的宇宙整體能在個人的平面上運作，它必須變成個體。

你是來此做選擇的。你有決斷力與主動權，這就是為何你是一個個體。接受你的靈性及責任，並且為自己做出選擇；其他的人不可能知道什麼對你最好。當你拒絕為自己做選擇時，事實上你是在拒絕你的神性與特權。你選擇站在一個奴隸、被壓迫者或下屬的觀點來思考。

選擇的勇氣改變並豐富了她的人生

泰瑪是一位五十四歲的寡婦，她在加州的聖塔克魯茲經營一家非常成功的房地產經紀公司。她來找我時，看起來困惑、受挫及沮喪。

「我很想要再婚，」她告訴我，「問題是，我正和兩個不同的男人交往。他們兩個我都喜歡，而他們也都喜歡我，他們也都說了一些顯示他們想要結婚的事情。但是我不能同時嫁給他們兩人，我不知道該如何做決定。而在同時，時光飛逝，我該怎麼辦？」

「你聽過那個笨驢子的故事嗎？」我回答她，「牠在兩堆稻草中間餓得半死，只因為牠無法決定要從哪堆稻草先開始吃。」

她笑了起來。「這可不好笑，」她說，「那正是我的感覺！」

「你說你不知道該如何做決定，」我說，「那也許是因為你太努力地強迫你的意識去做選擇。你有能力選擇讓你內在的無窮睿智來引導你，它將會熱誠回應。如果你清楚及確信地問，你自然會得到答案。」

「我怎麼知道何時會得到答案？」她還是很擔心。

「你會知道的，」我向她保證，「它來時會以一種你絕對不會錯過的形式出現。」

那天晚上，在入睡前，泰瑪向她的更高層自我說了下述的話：

全知全能的上天，向我揭露答案，告訴我該走哪條路。我為正確的答案而感恩，因為我知道你知曉那唯一的答案。

那天晚上，她做了一個夢，到了翌日早上，她還記得很清楚。她難以選擇的兩個對象都出現在她面前，其中一個先出現，然後是另一個。當她難過且堅決地說：「再見」時，兩個人都牽起她的手，然後就好像有一條看不見的輸送帶一樣，他們漸行漸遠終於模糊不見。有一會兒，她一個人獨自站在一片曠野中。忽然間，第三個人出現了。她立刻就認出他來。他是她亡夫的好朋友，住在中西部。她已經有好幾年不曾看過他了，但他們一向很處得來。就在他向她伸出雙手時，夢境逐漸褪去。當她醒來時，一方面覺得淒涼但又意外地滿懷希望。

就在當天，她收到了郵差送來一張卡片，是那個男人寄來的。他從一家電力公司提早退休，並且考慮想搬到聖塔克魯茲來，他打算幾天後先過來探一探環境。他問她到時候能夠抽空和他一起吃頓晚餐，並且帶他在城裡四處逛逛嗎？她當天就打電話給他。兩個月後，我很高興地主持了他們的婚禮儀式。

泰瑪遵守了「今日就可以選擇所要事奉的」法則。如果你就像她一樣，轉向你心裡的無窮智慧求助，你也一樣會接收到回覆祈禱的喜悅答案。你可以選擇信心、財富及一個圓滿的人生。許多人說，他們總是經歷生病、失敗、沮喪及孤獨，但其實所有這些失敗都可以透過選擇相信上蒼而獲得解決。感情與情緒跟隨著思想，因此，你可以選擇建立一個新的感情生活。要認清為你而備的上天意志即為生命本能的傾向，它會以和諧、健康、喜悅、有創意的構想及繁茂興旺的形式流經你的生命，並且擴展到超越你想像的地方。你可以選擇相信，對於上天而言是正確的事情，則對你而言亦是正確的。因此，從此刻起，善用你思維上的優勢，而那賜給你全部生命、氣息及所有事情的上天，將會帶來你所期望之事。你的頭腦和心，將永遠為了注入上天的財富而敞開，從現在直到永遠。

開啟心靈帳戶的冥想

我知道我的優勢就在此一非常時刻。我在心裡相信我可以預言我自己的和諧、健康、平靜與喜悅。在我的心中，平靜、成功與發達的概念佔了最重要的位置。在我的經驗中，我知道並且相信，這些種子都將會成長並具體呈現。我就是園丁；我種下了什麼，收成的就是什麼。我種下平靜、成功、和諧與善意的神聖念頭，那收穫令人驚奇。

從現在到未來，我將在潛意識中種下安詳、信心、鎮靜與平衡；我將收穫這些奇妙種子的果實。我相信並且接受這個事實：我的慾望是投入潛意識的種子。我感受到它的真實，而這便使它成真。我以接受我慾望為真實的同樣方法，接受播種於地的種子將會成長的事實。我知道它將在黑暗中成長；同樣地，我潛意識中的慾望或理想亦在黑暗中成長。就像種子一樣，在過了一會兒後，它就會以一種狀況、情勢或一個事件的方式冒出地面。

睿智的上蒼在各方面都統治我與引領我。我對任何凡是真實、誠實、適當、迷人及有價值的事物進行冥想。我思考著這些事情，而上天的能力與我的善念同在。我內心平靜。

本章牢記要點

1. 你的健康、富裕、發達、成功的主要關鍵在於你選擇的能力。選擇凡是真實、迷人、高尚及神聖的事物；選擇能夠治療、保佑、激勵及提升人類全體使有尊嚴的想法、觀念及形象。
2. 你的選擇能力是你最高程度的特權，令你能夠從內在的無窮寶庫中選擇備受寵佑的生命。
3. 當一名酒鬼在上天力量的支持下，決定選擇和諧、平靜、清醒及正確的行動，她就是正在將自己從壞習慣中解放出來，並且迎來自由及完全的健康。她利用想像力的神奇力量而理解，她正在做她愛做的事，一遍又一遍地戲劇性描述解放的想法，直至它具有所有真實的氣氛。一旦自由的念頭在她潛意識中生根的那一刻，她必然會自由而節制。
4. 每天早晨，每個人都可以做一個美妙的選擇，就是宣誓：「上天的正確行動與我同在；上天的旨意與法則統治我的生命；上天的愛充滿我的靈魂；上天的和諧是最高的統治；上天的美充滿我的靈魂。我受到鼓勵，並且憑藉著上天的幫助，在所有地方都引導我。我所有的工作都有愉快的結果。」使其成為一種習慣，而你的生命將發生美妙的事情。
5. 當做一個決定時絕對不要躊躇。你是一個有自我意志，有選擇的人類，若拒絕去選擇，事實上是拒絕你自己的神性。你可以根據宇宙的真理與上天的原則而做出選擇，它們永遠不會改變。

6. 如果你無法自己選擇，你事實上是在說，你願意讓充滿盲目恐懼、迷信，及各種愚昧無知的大眾意見來為你做決定。如果你不選擇由自己來思考，大眾的意見及世俗的宣傳就會為你做出各種選擇。世間沒有優柔寡斷這一回事，它僅僅是指你做出了不做決定的決定。不要讓他人來決定你的想法，選擇上天和祂的真理。

7. 做出選擇，而仁慈、真實與美麗將隨時跟在你身旁，因為你將永遠住在上天的殿堂中。

8. 你的一生是由一連串的選擇所組成的；你所有的經驗是你所有選擇的總和。你選擇你的書籍、服裝、學校、夥伴、家、汽車等等。觀察你所選擇的是何種想法、形象與觀念。你即是你終日所想的模樣。選擇可愛及美好名聲的事物。

9. 除非經由你的想法、形象與選擇，否則上天不會為你做任何事。形而上的整體必須變成個體，才能對個體起作用。

10. 選擇上天，並要了解僅有上天知道答案。如果在兩件事物之中難以抉擇，茫然無措，要明白上天知道答案何在。提出完整的解決辦法，而睿智的上蒼將會做出相應地回應，而它從未失敗。

11. 不管過去有多少錯誤、弊病或失敗，現在相信絕對真實的事情，就是為你而備的上天意志，是更大程度的生命、愛、真理及美，遠遠超乎你所能想像。敞開你的頭腦與心胸，喜悅地期盼著更豐富的生命，從現在直到永遠。

12. 使用本章結尾處的冥想，在你的心靈中建立起繁榮昌盛的銀行帳戶。

12 傾聽直覺的聲音

你的潛意識無論何時總是企圖保護你，所以你應學習聆聽內在直覺的提示。你主觀的自我統領了你維持生命所需的器官，它會持續地維持它們保持著均勢與平衡，直到你的意識帶著擔心、焦慮、恐懼與負面的想法闖進來。這些負面的想法會攪亂你內心深處的神聖平衡。在你的潛意識中有一股神聖的存在，有的人稱之為較高層次的自我、超意識、本我或你中之靈、榮光希望等。而所有這些專有名詞指的都是同一件事。

你的潛意識會對你意識的建議與命令做出反應。因而，你可以訓練你的意識去分辨你主觀心智的提示是否朝著正確的方向。當你放鬆，心情平靜時，你的意識與潛意識更為和諧一致。然後你就會聽到內在直覺的聲音，並得到清楚而分明的感受。

她很慶幸傾聽了內在的聲音

我多年來的祕書珍・萊特告訴我，數年以前，她和母親打算一起離城去度週末。總之，在週六早晨，她感到一股發自內在的感覺，是一種深層的預感，似乎在說：「不要去，留在家裡。」她試著要忽略它，但那感覺卻一直持續。到最後，她終於有所回應，並且待在家裡。

兩小時後，當她的兒子在附近的海灘遊玩時，不小心失足跌倒，臉部撞上了欄杆，其中一顆門牙被撞掉了。由於珍就在附近，於是她得以撿回那顆牙齒，並且立刻送往一個牙科外科醫生。那名牙醫想辦法將那顆受傷的牙齒重新種了回去，而使她兒子免除了任何永久性傷害的痛苦。她後來才知道，就在她打電話給牙醫時，他正要動身前往一趟長途旅行。如果她晚了五分鐘再打，她兒子的牙齒就回天乏術了。她內在的指令再正確不過了。

如何辨識並遵循直覺的聲音

當你需要決定一項行動時，你所能擁有的最佳指引，就是你深知來自於潛意識的指導是正確的指示。這會令你能夠分辨真偽。當你真誠地渴望真相時，你會知道聖靈根據你思想的本質做出回應，而你將會得到結果。

經常使用下列的祈禱文：

睿智上天是我不變的嚮導及顧問。我將會即刻分辨出我內在聖靈的指令與警告，它總是尋求在各方面保護、指引及關照我。我會立刻認出進入我意識層面的線索，而我也懂得漠視毫無根據的想法。我知道，我內心深處正在對我此刻有意識記下的事情有所回應，而祈禱文得到回應所帶來的喜悅，讓我充滿感恩。

當你養成經常使用此一祈禱文的習慣後，你將因為來自內在的聲音所帶給你的內心感動，而學會立刻認出它。這將幫助你學會區別及分辨真偽。

培養直覺能力可以帶來財富

在你有意識地進行冥想的基礎之上，你將會接收到來自你潛意識的答案與指示。你所懷抱或交付至內心深處的問題，在你幽暗的潛意識中孕育成形。當所有的資料蒐集好，你即刻就可以收到一份分析與結論，而以你的思維能力，或是理性的頭腦，可能需要花上好幾週，透過龐大的嘗試錯誤程序，才能完成。當我們理性的機能在令我們困惑的事情上令我們敗陣時，直覺的能力卻唱起了無聲的凱旋之歌。

藝術家、詩人、作家及發明家傾聽直覺的聲音，結果是，他們從自己內在的知識寶庫裡，汲取了驚豔全世界的美麗與燦爛。他們發現了真正財寶的源頭。

直覺救了他的命

你們當中有許多人可能閱讀過有關一架日航班機空難的事，其中有許多不幸的人喪失生命。數週後，我接到一封來自日本學生的信。他寫道：

我一直在閱讀你的書《潛意識的力量》，這本書深深吸引了我。我本來買了票要搭乘那班結局如此悲慘的飛機。當我要動身前往機場時，一個發自內在的聲音對我說話，它說的話很清楚：「不要走！不要走！」它清晰得就像是透過一個喇叭傳來的訊息。由於你的書，我知道應該要聽從。我沒有去搭飛機。我相信我之所以得救，是因為如此一來，我才能告訴別人潛意識的神奇力量。

直覺是什麼意思

直覺意謂著對真實的直接感知能力，獨立於任何思考過程之外。它是一種立即的領悟，一種敏銳與迅捷的洞悉力。「直覺」這個詞也意謂著「傾聽內在」。「傾聽」並非培植直覺的唯一方法，有時它是以一種「念頭」的方式出現，但是最常見的方式是「聽見那聲音」。直覺遠比理智更為深入，你使用理智來執行直覺所示。你會發現，直覺經常是在理智告訴你該如何做的對立面。

人的意識是理性的、分析的，以及好奇的；直覺的主觀機能總是自發性的，它就像是一座能指引意識思維的燈塔。許多時候，它是以一種針對計畫中的旅程或行動方案提出警告的方式發聲。我們必須傾聽，並且學習注意此一發自內在的智慧聲音。當你希望它來對你說話時，它並非總是如你所願，但是當你需要它時，它將會出現。

她一直有不該接受那職位的感覺

「我真的很為難，」露意絲告訴我，「我對於現在的工作感到有一點無聊，所以我和一家線上的獵人頭公司登記。接下來，我就接到一家高科技新創公司所提出的誘人職位，有更多的責任、薪水漲了一大截、股票選擇權、員工旅行……就像個夢一樣。我男朋友葛瑞格告訴我，如果我不抓住這個機會，那就是個大傻瓜。」

「後來呢……？」我提示她繼續。

「我沒有辦法，」她說，「我不知道為什麼。我知道葛瑞格一定是對的，我也會在接下來感到後悔，但是有一些東西一直在告訴我不要接受。聽起來是不是很瘋狂？」

「完全不會，」我堅決地表示，「你所聽到的可能是來自於你潛意識的聲音，它有許多方法可以知道我們意識理解範圍之外的事情。你必須自己決定該如何做，但是我會力勸你不要輕忽你的直覺感受。」

「我就希望你這麼說。」她告訴我，臉上露出一種鬆了一口氣的表情。「我下午要打電話給他們，拒絕他們的邀約。」

三週後，我發覺我的語音信箱裡有一則來自露意絲的訊息。「我的潛意識真是精明，」她說，「那家想要雇用我的公司剛剛倒閉了，正在申請破產法的保護。假如我沒有聽從你的告誡，並且聽從我的直覺，那我現在就慘了。」

露意絲的意識（還有她的男朋友）也許在已知的客觀事實條件上是對的，但是她的直覺能力了解此事的其他面向。在她允許她的客觀心智與她的內在所知爭辯前，她立刻就做了一個事後證明怎麼樣來說都是對的決定。她後來告訴我，從那次的經驗後，她於是養成一種習慣，就是在祈禱任何事情後，遵從她得到的第一印象。而她發現，那常常是正確的。

敏銳聽力的財寶

「特別敏銳的聽力」是你潛意識的一種能力。一個經典的例子是偉大的希臘哲學家蘇格拉底所形容的惡魔。他相信他可以清晰地聽見此一內在的聲音，而它的告誡總是充滿智慧。那聲音事實上是一種警告。此外，他指出，當事情牽涉到他的安全或福利時，這聲音更是以最強烈的方式表現出來。在他的感覺中，潛意識和意識之間是以聽得見的話語相互溝通。

這個現象是奠基於人類靈魂一種最強而有力的本能：自我保護的天性。蘇格拉底相信，惡魔的沉默是對他行為的一種贊同，並且根據他的信念，它專為他而設。

如何證明直覺的聲音可以救命

一個名為羅琳達的年輕女士，在勞工節長假受邀去一個遙遠的城市拜訪親友，而另一個同樣受邀的朋友願意載她一起去。就在她與表姐通話時，羅琳達的內在聲音清楚地告訴她：「留在家裡！留在家裡！」她聽從了這個告誡，並且婉拒了邀請。她後來知道，那位原本應該要來載她的年輕女性在高速公路上發生了連環車禍，意外喪生。

從開始參加我們的課程與演講多年以來，羅琳達一直在指示她的潛意識對她提供引導。她完全相信，上蒼的正確行動將會支配著她。她經常肯定地宣示，當在事涉她的福利與精神上的保護時，如果她需要知道什麼，她的潛意識會突如其來地警告她，從來沒有錯過一次。經由這些一再重複發生的事，她已經使她的潛意識形成一種條件反射式的反應，而理解力令她的意識能以說出話語的方式來和主觀心智溝通交流。這是將她深層心智的智慧帶到表面或客觀心智的一種方法。她所聽到的聲音是主觀的，並不是大氣中真正的聲響，但是它的真實性無庸置疑。

這些聲音，或者腦中的刺激，對她而言是十分清楚的，但其他的人卻接收不到，雖然他們可能離她很近。你可以在生命中的任何階段運用此一技巧，將會獲得驚人的意外收穫。

股票經紀人發現直覺的財寶

我有一個從事股票經紀的朋友菲洛，他在投資上是一個獨行俠，手上有幾個有錢的客戶。他的專長領域是小型股股票。通常，這些股票都非常投機，但它們對成功者提供豐厚的報酬。菲洛在此領域非常成功。好幾個月前，這類股票其中一支的名稱忽然浮現在他心中。他的內在聲音告訴他：「買進它。」他照做了，同時也替客戶投進去。從那時迄今，他和他的客戶發現，獲利了好幾倍。

菲洛的成功祕訣是他信任並傾聽直覺的聲音。他以下列的練習來令潛意識承擔責任：

我的潛意識將會使我立刻察覺到在對的時間，以對的方法買到對的股票。這將造福我及我的客戶。

菲洛顯然十分成功地令潛意識的能力根據他所要求的事做出反應。超感覺的感知非常神奇，對於他的要求十分警覺，並且在正確的時刻帶給他需要的訊息。

一段超凡的經驗

有一個老朋友弗瑞德向我承認，有一次他曾瀕臨自殺的邊緣。「我才剛在一場車禍中失去了我的妻子和一個嬰孩。」他在說話當下，忍不住為浮現出的記憶而流淚。「我當時確信，這個世界除了悲慘之外，再無任何我值得留戀之處。我拿了一把手槍，來到我的禮拜堂。但就在我將手指放在扳機上時，我聽到有一個聲音，那是我所聽過最具威嚴的聲音。它非常清楚地說：『現在不行！我將在接下來的漫長時光中滿足你！』我當場嚇得目瞪口呆，要去反抗此一命令的念頭更是想都不敢想。我把槍放下，不久後，我將它丟進河中，以避免我那棄世的念頭再度回來。」

「真是不可思議的經驗，」我評論說，「這是何時發生的？」

「噢！是早在我們認識以前，」他回答，「當時我才二十歲出頭。從那時起，我就相信，我的逃過一劫是事出有因。我自此從未忽略過內在聲音的提示。」

弗瑞德從這段痛不欲生的經驗中所學到的是，當這個人的危險逼近時，主觀的心智會非常努力地想要避免，以及阻止那危險。它是以一種個人會回應的方式來說話或行動。你的潛意識，或主觀心智（我交互使用這些名詞）的最高階行為，就是用來保護個人的生命。

記住，你的深層自我所做的警告總是在維護生命，應該要特別注意。內在的聲音想辦法要在肉體、情緒、精神、財務上，以及在各方面保護你，它不是來自超自然的機構或脫離實體的存在，而是來自你自己潛意識中的直覺能力，它什麼都知道，什麼都看得見。

在倫敦的一次非凡巧遇

數年以前，我在英國演講。我的姐姐告訴我，我們的一個表親就住在倫敦，我小時候和他一同上學過。她不知道他住在哪裡，或是在做什麼，但是她的一個朋友曾提到他人在倫敦。

我查閱電話簿，但找不到他的名字。我不但不放棄，反而還按部就班地來尋找。我想像自己遇到他，和他握手，並且和他談到往日時光。每天晚上就寢前，我都如此照做一遍。終於，我在倫敦的一週行程到了尾聲，按照預定行程，我將在幾小時後就要動身前往瑞士。我決定去寄一些信件與明信片，而且我記得從我在倫敦時經常下榻的聖愛米旅館出去，轉角處就有一間郵局。當我在排隊時，我聽到一個熟悉的聲音說：「哎呀！喬，真想不到會在這碰到你！」

我所安排在心中看到的情景與感受都變成真的了。在我動身前往機場之前，我們還有時間好好地一起散個步，愉快地敘敘舊。我潛意識的智慧使得我們兩個人在上天的旨意下得以聚首。你深層自我心智的行事難以測度，就讓那直覺的神奇與財寶發生在你身上吧。

寂靜財富的冥想

我知曉並且理解，上蒼是一個在我裡面，隨我移動的靈。我知道上蒼是一種感覺或是我內心深處對和諧、健康及平靜的深切信念。祂是吾心的動靜。我心中所感受到的靈性，或是自信與信仰的感覺，就是上天的靈性，以及上天在我心中的運作。這就是上蒼，這就是在我體內的創造力量。

我生活、行動，並且深信真、善、美將在我一生中的每一天如影隨形。對上天的信仰及所有的美好事物是全能的，它移去了所有的壁壘。

我現在關閉感官之門；我撤回所有對浮世的注意。我在內心轉向那唯一、那美、那善。在此，超越時間與空間，我與上天同在；在此，我在全能力量的庇蔭下生活、行動及居住。我將免於所有恐懼，免於世界的審判，免於萬物的表象。我現在感受到祂的存在，以對祈禱的回應與我行善事的方式呈現。

我成為我心裡想像的模樣，我感覺自己就是我想要成為的人。這一感覺或覺知是上蒼在我體內的運作。它是創造的力量。我感恩祈禱得到回應的喜悅，我在知曉「萬事已定」中沉靜安息。

本章牢記要點

1. 你的潛意識隨時準備保護你，故你必須學習時刻聆聽它發自內在的警告及提示。
2. 當你放鬆及心智平靜時，可以清楚而確切地聽見內在的直覺聲音。
3. 內在的聲音經常以一種內在的、持續的感覺來向你說話，是某一種警告你或你所愛的人有危險的直覺。一個照著她的直覺行事的母親，可以立刻對她的孩子施以援手。
4. 當你真誠渴求真理，並且知道上天將會根據你思維的事物而回應時，你將會得到結果。大膽地宣誓，睿智的上天是你永遠的嚮導與顧問，而你將會立刻辨認上天的警示。根據你的要求，你會得到答案。
5. 根據你所冥想之事物，你將會從你的潛意識中得到答案及指導。
6. 藝術家、詩人、發明家及其他有創意的人，他們傾聽內在的直覺聲音。他們從內在的寶庫汲取美麗與燦爛，驚豔全世界。
7. 一名日本學生聽到內在的聲音清楚地告訴他：「不要上那架飛機。」他聽從了直覺。不久後，那架飛機就遭遇一起空難事件。他一直訓練他的潛意識在各方面來關照他。
8. 直覺係指直接感知真實的事物或獨立於任何思考過程之外的事實之能力。「直覺」這個詞也意謂著「傾聽內在」。

9. 你更深層心智的超感覺能力可以看到一個雇主的動機，以及未來的結局。這些並不為意識所察知。當直覺的感覺湧現，告訴你不要去接受一個新的職位時，聽它的。

10. 在為特定一件事祈禱後，第一印象通常都是正確的。

11. 「特別敏銳的聽力」是你潛意識的一種能力。自我保護是人類威力最強的直覺。許多時候，你的主觀自我會以一種聲音警告你並保護你。

12. 你可以指使你的潛意識來指導你，並且知曉上天的正道領導著你。當有任何為了保護你而需要讓你知道的事情，立刻就會通知你。如果你聽到有個聲音說：「不要去！」聽它的準沒錯。

13. 一個成功的股票經紀人傳達一個想法給他的潛意識，希望自己能立刻察覺該買賣哪支股票。那支股票的名稱會從他的潛意識浮現，讓他意識到該採取什麼正確行動，讓他和客戶都可以受益。

14. 當危險即將逼近一個人時，主觀的心智會發揮極大的能量，以避開危險。它可能是以一種當事人會予以回應的方式來提出警告。

15. 你更深層心智的警告常常能拯救生命，應該多加注意。

16. 如果你希望遇到某一個你不知道他形蹤何處的人，想像你正和他談話的「畫面」，感受那個經驗的真實，在你心中以誇張呈現，並且代入真實的情境。你的更深層心智將會在上天的旨意下讓你們相聚。

17. 你如果想要享用寂靜內在的驚人財寶，善加利用本章末的冥想。

13　發財夢成真——心靈同化的祕密

在一篇談〈論自助〉的散文中，愛默生這位來自新英格蘭地區的美國哲學家說：「相信你自己：每顆心都隨著那根弦共鳴。接受上帝為你找到的位置，由同時代的人組成的社會，以及不同事件間的關聯。偉大的人物總是這麼做，像孩子似的將自己託付給時代的精神，披露自己的認知，令人信仰的上蒼在他們的心上設下座位，假他們的手來行事，主宰著他們的身心。」

愛默生在告訴我們什麼？上蒼住在我們之中，而那被充分信賴的上天在我們的心中根深柢固，而我們所要做的只是讓自己與內在的智慧共鳴或和諧一致，然後接受生命的祝福與財寶。他是在說，你就是生命，是上蒼的體現，而且你是一件表達生命的樂器。你是獨一無二的，全世界沒有另一個像你一樣的人，因為你就是你。你的拇指指紋、你心跳的旋律、你視網膜上的圖樣、你腺體的分泌物，你身體中每一個細胞的訊息經解碼後，都和我們整個物種在所有歷史上的任何一個人都不一樣。生命的法則就是無窮無盡的區別。你的想法、你對生命的態度、你的信仰及信念，所有都是你自己的，和他人不同。

你天生就帶自己的天資、才華、能力與特別傳承的天賦。你降生人世是為了要表現更多有關上蒼的存在，並且體驗更加豐富生活的欣喜。你是如此獨特地被賦予一種全世界沒有其他人能夠做到的表達生命方法。你想要成為你想成為的人物，你想要去做你喜歡做的事情，而且你想要生命中所有美好的事物。

你可以在一生中達到所有這些目標，因為你天生具備有想像、思維、推論的能力與特質，以及去選擇與行動的力量。讓生命流經你，以和諧、美、愛、喜悅、健康、富裕與圓滿的方式表現出來。

一位老師如何把自信的財寶灌輸給學生

雨果是一個年輕的老師，在拉斯維加斯教授主日學。他向我吐露，他的學生中有許多害羞、膽小與缺乏自信的小孩。其中有些人常因為一種深沉的自卑情結作祟而痛苦。

「我要向他們顯示如何更珍惜自己的價值，我視此為我對他們的一部分責任。」他告訴我。「所以，我在黑板上了一篇誓言，叫他們將它抄下來，並且在每天晚上臨睡前複習五分鐘。」

「效果如何？」我問，對他個人所發展出來的這個技巧感到好奇。

「這是我給他們的。」他回答：

我是上天的孩子。上天愛我、關照我。我是特別的，而且上蒼想要藉著我來做一些特殊的事情。上天照看我、指引我，並讓我在力量、愛與智慧中成長。上天的孩子備受照顧。神聖的智慧在我心中。

他補充：「我告訴他們，若他們每天默念它，上天就會有所回應。他們就會在智慧、力量及實力中成長，並且會成為傑出的學生，順利進入大學，並且一生都充滿福佑。」

「那麼結果如何？」我問。

「從那時起，他們真的都成長茁壯了，」他滿腔熱情地說，「他們的信心和自助心都奇妙地成長了，他們和父母的關係也變好了。這太令人驚奇了。我真的相信，我看到上蒼的行事。」

雨果以他的技巧所做的事，是在這些孩童的心與腦中徐徐地灌輸上天的力量，讓他們真心相信他們心中單純祈禱的消息會得到回應。正如愛默生所說，他們會逐漸了解，令人信仰的上天任何時候都駐守在他們的心上，並藉他們來行事。

自信的真實意義

信心意謂著「心有信仰」。信仰是思想的一種方式，一種心智的態度，對於心智法則的一種了解，一種你的思想與感情會創造你的命運的覺知。當你知道，在意識上被視為真實的任何想法，也會深印在你的潛意識上，並被潛意識接受，而且會在空間的想像螢幕上具象呈現時，你就有了信仰。以簡單、日常的用語來說，你的信仰是你的內心對於上天的存在與力量的一種覺知。經由你與此一存在的接觸，並且以你的想法為中介，你可以過著勝利與成功的一生。你將會發現自己遇到障礙、困境與當頭的挑戰，但你理解，藉著上天的幫助，你將勝過它們全部。你的內心若與上天的存在一致，你可以在一種「經由上天的力量使我變強，因而能做所有事情」的深沉且長久的信念下，歷經世事的變遷。

發展自信，讓她變得富有與成功

最近有一位名為蘿莉的年輕企業家來看我。她在離開大學後的數年間，創立了兩家與網路有關的公司，雖然都引起一些話題，但後來就走下坡了。現在她落得孤家寡人，自暴自棄。

「我想我在騙自己，」她說，「並且也愚弄了所有那些十分相信我們，並且投資在我想法上的人。我就是缺少時下的成功要素。我環顧四周，看到這些孩子都比我年輕五、六歲，於是我明白，我再也不是站在時代的尖端了。我過氣了！」

「那些孩子有的東西，你一樣有，」我告訴她，「你的心裡有睿智的力量。上蒼創造了這個世界，並且沒有認知到障礙。此外，祂還能向你顯示你需要知道的所有事情。你天生就應該在一生中成功、勝利，因為睿智的上天不會失敗。沒有任何東西能夠反對、挑戰或損害上天的作為。」

她的臉色一亮，但似乎依然心懷疑慮。

「還有，」我繼續說下去，「當你對內心的力量有信心後，你將會發現它具有傳染性。你將會散播信心、信念、自信及鎮定。你將會變成在心靈與頭腦上的一塊磁石，從四面八方吸引好事情。一直要記得最強而力的心靈寶石之一，就是：上天若幫助我們，誰能抵擋我們呢？」

以下是蘿莉創造奇蹟的特殊方程式。每天早上刷完牙後，蘿莉直接看著鏡子中自己的倒影，並且充滿感情地大聲說：「如果上蒼與我同在，誰能與我為敵？藉著使我強大的上天力量，我可以做一切事情。我會成功，我會發財。感謝老天。」

她每天早上將這些偉大真理重複四至五分鐘，心裡並知道，當她虔誠時，這些真理將會從她的意識經由吸收而滲透到潛意識。由於潛意識的法則是強制的，如此她將必然表達成功與富裕。

數週過後，蘿莉在半夜醒來，心裡有一個絕佳的新構想。她馬上坐起來撰寫一份企劃案，直到天色亮起來。當她試著拿給一個前合夥人看時，他說她一定要和他的一個朋友丹聯絡，他最近也在想著類似的點子。當她和丹相見時，他們發現彼此對許多事物的想法都很接近，並不只限於工作上。他們成了合夥人，並且籌到了風險創投的資金，開了一家新公司，現在正在計畫將股票上市。他們同時也認真地在考慮將兩人間的關係再拉近一點。

這些經驗，在今天那些開始接通他們心中無限潛力的男男女女身上十分常見。現在美國的百萬富翁與億萬富翁數目之多，遠超過之前歷史上的任何時代。

容許你自己成功並接納無盡的財寶

某些人稱上蒼為「生命起源」，它永遠在尋求經由你而在比較高的層級來表達它自己。在你的體內有一股強烈的慾望，激勵你越升越高。此一存在與力量是全知的，它無所不知，無所不曉。它是至高無上的，並且有無限的力量。它堅持在生命中要做到至善；拒絕做第二。將你的思想、感情和注意力都專注在你的專業上，並且理會你潛意識中無窮智慧經常向你透露新的創意構想，並且提供比較適用的方法。

要知道，你是與內在智慧同在，而它永遠不敗。愛默生曾說：「除了你自己，沒有人能夠騙你從最後的成功中抽身。」英國的哲學家湯瑪斯．卡萊爾曾說過：「一個人的財寶，就是幾樣他喜愛且為之祈福的東西，而他亦在其中得到被愛與庇護。」或是如偉大的詩人塞默謬爾．泰勒．柯勒律治所寫的詩句：

只有兼愛人類與鳥獸的人，
他的祈禱才能靈驗。
誰愛得最深誰祈禱得最好，
萬物既偉大而又渺小；
因為上天愛我們大家，
也正是祂把我們創造。

你的命運不能阻擋你的成功或財富，而缺少金錢或人脈也不能。成事全靠你自己。

你要做的事，就是改變你的人生思維，並且使它不斷改變。讓你的習慣性思維成為：「成功為我所有，無盡的財寶為我所有，和諧為我所有，而且我是通往所有財寶的通道。」你的思想是有創造力的，你將成為你終日想要化身的對象。

數以百萬計的人聲稱他們相信種種教義、信條、傳統、護身符、咒語、偶像、聖壇等，但是因為他們沒有真正切實可行的信仰，他們的生活既混亂又迷惑。無數的人因為匱乏、健康不佳或勉強餬口維生而苦痛，因為他們未能察覺如何接通在自己潛意識中的無窮寶藏。

其他無數的人卻有一個真正切實可行的信仰。他們每天透過身體、事業、財務、人際關係和其他生活面向，展現他們的信仰。一個人對於上天的信念必會顯現在自己身上，會顯現於他雙眼的神采之中。在財富的法則中，富裕是信仰的一個標誌。一個信任的態度與對於上蒼豐富本質的了解，會反映在一個人對自己本身及他內在力量的信心上。它會體現在他正面的態度、姿勢、說話及如陽光般的笑容上。

寂寞單身漢找到了自信

「我不知道為何我總遇不到任何一個與我心靈契合的人，」李奧悲傷地告訴我。「也許我工作太辛勞，從來沒有時間去學習正確的社交技巧。或者，我天生就是一個輸家。」

「輸家是被製造出來的，不是生出來的。」我如此回答。「如果你死抓著輸、疏離、孤單及沒人愛不放，你就會將那些特性吸引到你自己身上，包括內在與外在。不論如何，一旦你開始認清你自己天生的特質，也就是內在智慧的跡象，你將這些特質具體呈現在現實的螢幕上。接著，這就會吸引那些在精神上已做好準備要對你回應的人們。」

我教李奧一個可以使用的簡單技巧。我告訴他，要想像看見自己在一個美麗且令人心曠神怡的場景，例如在一個宜人的海灘或森林間的空地上。他正在和某個特質如他一樣的人談話，他們兩人都承認並榮耀使他們會面的無窮智慧。他在每天早晨剛醒來時和每晚臨睡前，都要去想像這幕情景，而細節部分則越詳細越好。

「繼續如實的去想像你心中的這幅圖片，」我告訴他，「你想要遇到理想的心靈伴侶，而看見你與對方在一起，這即意謂著此情此景已在你心裡發生了。在你心智中所發生的事情就必定會客觀發生，不管看起來有多少困難與阻礙橫亙在你與想像畫面的實現之間。你將會凱旋，你將會幸福、喜悅與自由自在。」

李奧聽從了我的忠告。他架構了他所渴望的關係畫面，好似他已經成功地達成目標般，並且向他心中為此事而存在的上蒼感恩。他每天早晚都照做，大約在第十天要結束時，他看到一本小冊子，介紹一個在海邊進行靜修的活動。那上面海灘的照片和他在想像中所看到的地點完全符合。他馬上報名參加了這個靜修活動，而他在那裡遇到一位年輕的女子，他立刻就認出來，她正是他想像中所看見的那個人。我後來有幸為他們主持結婚的儀式。

要知道，那裡總是有一個答案，那裡有某個關心此事的人——就是那個創造你愛你並且不管你是睡或醒，在所有時候都關心你的唯一的力量。

房地產仲介發現了自信的財寶

黛博拉在一次演講後上前來找我，並且遞給我一張名片。

「所以你在房地產業，」我注意到，「你的情況如何？」

「糟透了！」她回答，「房價上升得太快，許多人因為房價過高而被逐出市場，使得房子在市場滯銷。利率的上升也害死我們。在這麼困難的市場裡想要賺到還不錯的生活費用，根本就沒辦法。」

當時我一時間有個念頭，想要問她，她是否寧願在一個景氣不振的市場工作，但是我不想要她認為我在取笑她。相反地，我向她指出，她花了大幅的精神貫注在限制因素與匱乏之上，她將會吸引這些特質。當然她就無法吸引買主來找她。她向外散播的訊息並不適當。

我告訴黛博拉，特別注意要在一天中多次向她的潛意識提出具有建設性的陳述。我請我的祕書印出一張卡片給她，上面有下列的宣示，她每次一有閒暇就可以依此進行冥想：

我全心相信上天的供給予指導。我知道所有經我手而購屋的人都會繁茂興旺與受到庇佑。睿智的上天吸引買主朝我而來，他們想要購買我所銷售的房子，他們也負擔得起，而且他們將會為擁有此一產業而歡欣。我是有福之人，而他們也會受到保佑。我對上天的力量信仰堅定。現在，上蒼的作為與即刻的、美好的結果將會發生在我的生命中，我對生命中的奇蹟充滿感恩。

她隨身帶著這張卡片，並且經常重複這些事實，黛博拉重拾對她銷售能力的自信心。她開始銷售、興旺，並且向全方位擴展。她在幾週之後的另一場演講後來找我，並且說：「我的生命中出現了奇蹟。我上週才賣出了兩棟豪宅，而另外三間房子也有很肯定的出價。」

上天的賜福從未止息。敞開你的心與腦，並且接受所有你可以為自己索求的財寶。

為信仰的財寶冥想

信仰造就了你的全部。

我堅決地相信我內在上蒼的治療力量。我的意識與潛意識完美一致。我接受我堅決確認的事實聲明。我所說的話出自心靈，而它們都是事實。

我現在認定上天的治療能力將轉化我全部的身體，使我完整、純粹與完美。我以一種深沉、內在的確認相信，我滿懷信仰的祈禱將會在現實顯現。我所有的事務都由上天的智慧所引導。上天的愛以超絕的美麗與美好流進我的心與身體，改變、恢復，以及供給能量給我身上每一個原子。我感受到了解帶來的安寧。上蒼的榮光包圍著我，而我在永恆的懷抱中安息。

本章牢記要點

1. 愛默生說要相信你自己：「每顆心都隨著那根弦共鳴。」與你內在的智慧連結，並要了解，對上天來說，所有的事都有可能。對此一存在託付完全的信任，相信它會回應你的要求，並且幫助你實現夢想。

2. 你是獨一無二的，全世界沒有一個人像你一樣。你天生具有自己的特質、能力及天賦。當你提出「上天顯現我的真實表現」時，門將會打開，而你將表現得如神一樣，並且處在你生命中的真正位置，做著你喜歡做的事，如神助般地快樂及如神助般地成功。

3. 教導孩童他們就是上天的孩子，上蒼愛他們也關照他們。要求他們經常確認這些事實，就是知曉他們內在的上天力量將會立刻回應他們，而且上天的力量將會以一種不同的方式，由每個孩子來顯現祂的奇蹟。當你這麼做時，他將會有自信及自立自強地成長。

4. 信心意謂著「心有信仰」。要相信當你向睿智的天請求時，祂會給你回應。當你了解此自己的想法是有創造力的時候，你就建立了你的信仰；你會吸引有相同感受的人，你會變成你想像的對象。任何感受為真實的想法，將會銘記在你的潛意識上，並付諸實現。在你的心智法則中，此一認識將帶給你信仰。它的實際作為將在你生命中創造奇蹟。

5. 建立自信與成功的一個神奇方程式，就是在早晨時看著鏡中的自己，堅決地說：「如果上天與我同在，誰能與我為敵？藉著使我強大的上天力量，我可以做一切事情。」使之成為習慣。你將變得充滿自信，信仰所有美好善事與即將發生在你生命中的奇蹟。

6. 強烈要求生命中要有最好的事，則最好的事就會進入你的生命。要了解你與上天同在，而上天不會失敗。

7. 你必須要有一個切實可行的信仰；你必須展現你對上蒼與所有美好事情的信仰。它必須顯現在你的家中、與人們的關係中及你的財務狀況中。無顯現及成果的信仰已死。信仰你心智中的創意法則，它們永遠不會失敗，永遠不會改變。

8. 設想你自己現在既成功且富裕。想像那一情況為真，並且不顧看似可能的障礙與困難，你將體驗心智圖像的結果。你的心智圖像是絕對的君王。當你對它投以關注、信仰及信心時，它必會付諸實現。

9. 那裡總是會有一個答案，那裡總是有關心的人——就是創造你及宇宙的那個唯一力量。信任它，它是唯一，也是美麗、良善。

10. 如果你試著出售某些東西，不論它是房子或是新的構想，要了解你在尋覓的對象也正在尋找你。大膽地要求上天吸引那些想要購買你的商品的買主，而他們也將會因擁有此商品而發達、快樂。他們會受到祝福，你也會被庇佑。要求上天的作為，並且了解，既然上天的賜福與財寶從未停止流向你，你的生命中將會出現各種奇蹟。白日為你破曉，所有的陰影將會逃竄無蹤。

11. 重複本章結尾處的冥想，以求得絕不會失敗的信仰財寶。

14 愛的力量絕不失敗

最基本的宇宙法則就是愛。愛總是向外顯露，它從人的身上向外散發。愛必須有個對象，你可以愛上音樂、藝術、一個偉大的計畫、一家企業、一門學科，或是任何其他人類所努力的領域。你可以深深愛上偉大的主義、信條與永不改變的永恆真理。愛是你所發展出來對於你的理想、事業、計畫，或職業感情上的連結。

因為愛因斯坦愛那些數學原理，所以它們向他顯露了它們的祕密，那就是愛的作用。你可以愛上心智科學，而它會向你揭露它的祕密。你有多想得到你想要的東西？你想要捨棄舊的觀念、對於事情的傳統看法，並且想要得到新的想法、新的形象，以及新的觀點嗎？如果是這樣，你必須努力變得開放與包容。你是否想要好的吸收能力？如果你要，你必須放棄怨恨，並且將你孩子氣的氣惱與妒忌拋諸腦後。你想要財富與成功嗎？如果是，你必須願意去接受在你內在與外在的財富。你必須理解，你天生就要成功，因為上天在你之內，你不會失敗。你必須遠離你的妒忌、氣惱與所有虛假的觀念，你就可與上蒼同在，並且進入大量的喜悅與更富裕的生活。

一名演員如何證明豐富的愛

數年以前，我前往觀賞一齣莎士比亞舞台劇《亨利四世》，我尤其對那名飾演法斯塔夫的演員的演出而感動。他似乎能夠捕捉這個角色最迷人的特點，也就是一股孩子氣的智慧。我查看節目單，這名演員的名字是德瑞。

在表演結束後，我前往後台並向他致敬。他顯然很高興，但似乎也很困擾。當他發現我的專業後，他給我一個帶著諷刺的微笑，並且說：「真希望你也成為我們的一員，我知道我需要一些幫助。」

「在哪一方面？」我問，「當然不會是你的表演，你今天晚上的表演棒極了！」

「謝謝你這麼說，」他說，「你能相信我在開演前的半小時還擔心得不得了嗎？」

我說：「這可不是第一次聽到這樣的事情了。告訴我是什麼事情。」

「噢，那非常無聊與普通。」德瑞轉開目光說。「我開始在想，我要把事情搞砸了。我很確定我會把台詞亂說一通，你知道，不只是單調乏味而已。不是的，我想像我自己說出一些很白痴的話，因而搞砸了整個演出。如果這個情形發生，誰還會要我？我還會再得到其他的角色嗎？我該怎麼活下去？這個舞台就是我全部的生命！」

當他細述完他的恐懼後，我說：「德瑞，你已花了許多年時間在訓練你的身體、聲音、臉部表情、姿勢，對不對？」

他聳聳肩。「唉，那是當然。那是為演出而準備的部分。」

「你應該以同樣的強度與努力來訓練你的心智，」我告訴他，「你可以控制你的想法、點子、想像與反應。當你在發出命令時，它們就會自動聽話。你可以告訴你的心智進行思索，不是去想失敗與挫折，而是去想上天的力量就在你的裡面。那就是告知你演出的力量，就同它在你生命中的每個時刻一樣。」

他實行必勝方程式

在德瑞卸下他的舞台裝扮，並換上一般日常的服裝後，我們一同出去喝杯咖啡，並且繼續我們的談話。

「你必須要做的，」我解釋，「就是要全心全意地投入你個人的轉變，彷彿是要扮演一個新角色般地認真。以你受過訓練的能力，想辦法建立一個情景，並且加以審視，要盡可能地逼真鮮活。想像你和你內在的自我即將第一次碰面，而這個新認識的人，將是你所遇過最迷人的人物。」

「聽起來好像我可能會墜入愛河了。」他笑著說。

「正是如此！」我回答，「而且不要隱藏你的愛，公開地宣示你的愛！」

我寫下一份宣言，交給他。「一天要宣誓三至四次，」我說，「注入每一滴你能調動的信念，並且讓我知道結果如何。」

他開始努力去做的這份宣言是：

我將我的忠誠、虔誠、忠貞都獻給我內在的力量，那不是別人，而正是高層次的自我。我知道，對我更高層次自我的愛，即意謂著對於我內在的靈性，有一種健康、虔誠、有益的尊敬，那是全知全能的。我知道，對上蒼的愛，是獻上我最高程度的忠誠，給那至高的存在與我內在的力量。我知道，藉由上天的力量，我能做一切事情來增強我自己。當我在舞台上表演時，如同我在舞台下一樣，我內在的靈性直接而清楚地與觀眾的內在靈性說話。我活在我所演出的角色中；我在戲劇表演中感到陶醉、著迷與全神貫注；而且我聽到那些我所愛與所尊敬的人恭賀我。那真是太棒了。

當德瑞持續地複誦這些事實時，他失敗的想法消失了。他繼續表演，並且得到數個獎項，如今的他極受歐洲和美國一些劇院主管的青睞。

她發現愛的法則

我認識瑪格麗特好多年了，她是一名專精於治療各種過敏症的醫生。不久前，她告訴我一個有關她病人的事情，這個病人已有好幾個月都不付她帳單，積欠的金額已達數千元。

「如果她是手頭有困難，我可能就會決定算了，把帳單取消，」瑪格麗特說，「但我知道她事業非常成功。而且她家財豐厚，每個月花在外食的金額可能超過她欠我的錢。」

「你和她談過這件事嗎？」我問。

「噢，當然有，」瑪格麗特說，「我甚至盡量對這件事情表現得好聲好氣。你知道，就是『你大概是貴人多忘事……』但沒有用，她還很不高興，說我的費用貴得離譜，治療根本就無效等等之類。我聽了一會兒，謝謝她和我分享她的感受，然後就掛上電話。」

「那一定讓人很生氣。」我同情地評論。

「不完全是，」瑪格麗特深思地回答，「我了解，不管她當時在處理什麼麻煩事，那都和我沒多大關係。有一刻，我曾想把她的帳轉給討債公司去收，而我也可以袖手旁觀。但是我知道，那表示我會失去一個朋友。所以，我反而將它轉交給愛的法則來處理。在我每天早晨與晚上的冥想時間中，我會確認桃樂絲是誠實的、忠誠的，並且心情平靜，而上天的愛與和諧充滿了她。我看見她站在我面前，交給我一張支票，並且謝謝我的幫助。」

「而你得到你希望得到的結果了嗎？」我問道。

瑪格麗特笑了起來。「我當然得到了！就在我開始這麼做幾天後，桃樂絲出現在我的辦公室。她為她的壞脾氣向我道歉，把帳單全都付清了，並且還告訴我，她捐了一大筆錢給一個與我有關，專門研究過敏症的基金會。不僅如此，她還帶我到一家很高級的餐廳請我吃飯！你必須要認識桃樂絲，才能理解那有多麼令人驚訝。」

瑪格麗特以她自己的經驗證明了愛的法則之豐富。要注意到她並未採取報復行動或以任何方式批評她的朋友，她只是大量提供上天的愛與和平，而上天的正確行動就發生了。

豐富的愛絕不失敗

愛是心的一種延伸，它是對所有人的親切友好。如果你是在辦公室、工廠或店鋪裡工作，祝願你身邊的所有人健康、快樂、平靜、晉升、富裕與所有生命的賜福，你將會得到驚人的好處。當你向所有人散發著愛與善意，並為他們祝福發財及升官時，同時你自己也會得到賜福與發達。記住，當你為別人祝福什麼，你也在為自己祝福，而你對其他人的阻礙，到頭來反會阻礙了你自己。

你是你宇宙中唯一的思想家，而且你的想法是有創造力的；所以，與他人為善並且散發著所有生命的祝福給他們，是完全合理的。

一家全國連鎖專賣店的總裁最近告訴我，他公司所解雇的員工中，有九成並不是因為曠職、能力不足或不誠實而遭到開除，而是因為他們無法與顧客或同事好好相處。

「愛」並不是一種情緒，或是好萊塢所調製出來的那種膩人甜品。愛是具有結合力的力量，可以凝聚一個家庭。它使得整個世界及太空中的星球有節奏、和諧地移動，並且平靜地度過萬古歲月。愛是健康、快樂、平靜、成功的法則，並且是快樂和成功生活的法則。有愛的孩子是和諧、健康、平靜、仁慈、歡樂、誠實、正直、公平及歡笑連連。

從現在開始，對所有你周遭的人及各地的人們傳播生命的祝福。向其他人身上的靈性祝賀，並且為上天的財寶流過他們身上予以沉默的祝福。你將會對自己的成功大感驚訝。無盡的賜福將降臨你身上。

豐富的愛撫慰傷痛

已逝的哈利．蓋茲（Harry Gaze）博士是一位國際知名的心靈講師，有人曾向他提到一位人在倫敦，因為肺結核而形銷骨立的男士。這個人的心理顧問發現他痛恨銀行家、股票經紀人與所有富人。這種感覺源自於他孩提時的經驗，他曾親眼目睹父親因為未能按時付房屋貸款，被當地的銀行家逐出他們的房子。結果是，這孩子推而廣之，恨上了所有的銀行家與富人。

他的心理顧問要他走到倫敦證券交易所的建築物，在離它最近的街道上站一個小時。對每一個經過他的人，不管是男是女，都要對他們宣布：「上天的愛充滿你的靈魂，上蒼的財寶現在歸屬於你。」那個男人照他的話去做了，儘管在一開始時並不太情願，但他還是照做了。當他有意識及慎重地對所有人散發出愛與財富時，這些東西會成百倍地反歸其身。根據蓋茲博士的說法，這個人體驗了一個極了不起的治癒經驗。經過倫敦許多醫生以X光及其他方式檢查後，結果顯示他的肺結核完全康復了。這個人後來在一家著名的金融公司工作，並且變得非常成功。神的愛在他的心裡、身體裡，還有錢包裡生氣盎然。

以正確方式愛家人

祈求你所愛的人們因上天的愛而生氣盎然，愛充滿他們全身。想像在你的心智之眼中看見他們被上天之愛的光所包圍，你會發現上天之愛的痊癒之光包住、圍繞、包容及照亮了他們的身心。當你以此方式祈禱時，就會發生神奇的事。

她找到愛的治癒力量

「我的小妹很不快樂，」一個朋友告訴我。「她的皮膚糟透了。她試過各種的乳液和醫藥，但沒一樣有幫助。她對此感到十分痛苦，甚至不肯出門，你可以幫忙嗎？」

「我想可以。」我說，我寫了一段誓詞給她。

從次日開始，我朋友的妹妹每天早上都要看著鏡中的自己，肯定地宣告：

我的皮膚是上天之愛的一個外殼。它沒有瑕點，沒有傷疤，它比孩童的皮膚還更嫩，而且年輕人的光輝與美麗滲透了我全身。

她的臉在幾週內就煥然一新。它現在既柔軟又美麗，正如她的期望，放射出上天之愛的光芒。

豐富的愛帶來官司中的正義

文森來看我的時候滿臉沮喪。他是一宗纏訟多年的民事訴訟中的被告，他的資源與心力全都被綁住了。他一路都在談不公正的法官、不講道德的律師，以及宣誓作證的證人更是滿口謊言。

「我無法讓這官司就此和解了事，」他做出結論，「但是我也沒辦法像這樣繼續下去了，它佔去了我全部的生命。我不知道該怎麼辦？」

「你用的方法顯然對你根本沒用，」我說，「你為何不試一些全然不同的方法？」

在我建議之下，文森開始在每天早上和晚上都祈禱如下：

所有涉入這件法律官司的人，都被一圈神聖的上蒼之光所包圍。上天的愛、真理與和諧在所有涉案者的心智中都是至高的權柄。他們在聖靈的心中，而愛的法則戰無不勝。

祈禱詞化解了潛藏於他潛意識中的所有痛苦、憤怒與敵意，後來又在上天旨意下的一個解決辦法中體現。

數週後，這宗官司的原告在另一件不相干的控訴下被繩之以法。在進行偵訊時，他承認偽造了在控告文森的官司中作為證據的文件。過沒多久，那個人的律師就撤銷了訴訟官司。

愛的保護力量

霍華德是一位精神科醫師，他的辦公室和我在同一棟建築。有一天，我在走廊碰到他，並且注意到他的臉色蒼白。

「真是可怕的一天！」他大聲說，「今天早上，我一個病人掏出一把手槍，指著我的頭，並且說他是奉了上天的旨意前來殺我。」

我震驚地瞪著他看。「那你當時是怎麼辦的？」我問。

「我努力保持冷靜，」他說，「我告訴他：『上天一定改變心意了，因為祂告訴我，今天早上要做的事情就是把你治好。』當我看到他動搖時，我又添了一句：『上天就住在你心裡，也住在我心裡。上蒼不會和自己作對。上天就是愛，而且祂要你現在就圓滿、完美。』在此時，他將槍交給我，然後突然哭起來。他正在送往精神病院的途中，在那裡我能夠給他比較密集的治療。我希望這場危機將會朝向好的方向扭轉。」

身為一個具有靈性傾向的人，霍華德醫生知道，病人會感受到他期望病人心裡有來自上天的力量。

愛能團結，愛能治癒

你的家人和其他你親近的人都很需要被愛、被需要、被欣賞，以及在事情發展的過程中被重視。最近一個名為馬克的律師前來向我請教。他承認：「從去年到現在，我一直與我公司的一個同事有外遇。這事情很瘋狂。我愛我的妻子和孩子們，但我現在人在這裡，已經快要失去他們了。」

「為什麼？」我問，「這個外遇吸引你的是什麼？」

「凱特琳讓我覺得自己很重要，」他回答，「她自己就是個一流的律師，但是她總是讚美我的成就，並且告訴我說我有多棒，有多聰明，我的口才有多麼好，以及我在這一行裡是多麼聰明與出色。我知道這些是阿諛之詞，但它們卻很有效。她讓我感覺就像國王一樣。」

我問他：「那你太太呢？」

「她很好，」他說，「她忠心、奉獻、認真，並且是一個了不起的母親。但是……好吧，當我回到家時，我只是個無足輕重的人。我在家裡沒有地位，她老是對我嘮叨不休。」

我向他解釋，許多人所以會嘮叨，是因為他們得不到感謝、注意及讚美。此外，你的妻子或丈夫都會在潛意識裡察覺你的不貞。當我們覺得有某些寶貴的東西漸漸要失去了，我們都會很想要抓住它。

馬克很聰明，他並不想要離婚。我帶著他和他妻子，經過一場漫長且真誠的討論後，他們了解到，他們之間依然相愛，但愛已經睡著了，而且他們從未公開表達過愛意。多年來，他或她從未明白地將對對方的愛明白表現出來。他們將彼此視為理所當然。

為了維持婚姻，他們兩人都開始一個祈禱的程序。雙方都做出承諾，彼此要經常地、有計畫地向對方散發愛、平靜與和諧。兩人都同意每天為對方做五分鐘的祈禱：「上天的愛充滿你的靈魂。我愛你。」

愛再一次使他們倆團結在上蒼的懷抱中，因為愛是共通的解決之道。只有上蒼之愛能夠治癒人類的傷害，它確實做到了。

愛與善意的冥想

無論遇到任何情況，在任何人際關係中，我都保持著和諧、平靜與喜樂。我知道、相信與主張，在我家與公司裡，在每個人的心與腦子裡，平靜的上天是至高的權柄。不管問題何在，我總是保持平靜、鎮定、耐性與智慧。我完全原諒每個人，不管他們說或做了什麼。我將我所有的負擔拋給內在的能量。我變得自由了，這是種很棒的感覺。我知道，當我原諒時，我會得到賜福。

我在每個問題與困境後面看到上蒼的使者。我知道解決的辦法就在那裡，而在上蒼的旨意內任何事都做得到。我絕對地信仰上天的力量，它知道如何達成使命。上天的絕對命令與絕對智慧透過我而運作，現在及永遠。我知道那命令是上蒼的首要律法。

我的心智現在喜悅與期待地專注在此一完美的和諧上。我知道結果必然是完美的解決之道；我的答案就是上天的答案，因它是上天賜給我們。

本章牢記要點

1. 愛總是向外顯露的。愛解放一切；愛奉獻一切；愛是上天的作為。愛必須有個對象，你可以愛上音樂、藝術、科學、數學，或是上蒼的真理。你可以愛上你更高層的自我，因為你知曉，它是所有賜福的源頭，它是你內在的力量。
2. 你是你思想、形象、構想與反應的君王，絕對的最高統治者。你可以指揮你周遭的想法，就像一個老闆在指示員工做什麼事情。你可以像開車般操縱你的想法。
3. 愛你內在的力量，這意謂著你對自己內在的神性有一種健康、虔誠的、有益的尊敬，它是全知全能的，無所不知，無所不曉。你對內在的聖靈，也就是上天的力量，獻上最高程度的忠誠，而你絕對要拒絕對任何被創造的東西賦予力量。
4. 藉由想像你正在做你最喜愛做的事情，你可以愛上出自於你自己的一個更偉大、更崇高、更高貴的概念。完全的吸收與全神貫注在你的心智電影上，而你會達到你的目標。你對於理想的愛，將會趕走一切的害怕。
5. 在一個緊急情況當中，堅稱：「上天是我的光，是我的救贖，我還會懼怕誰呢？上天就是我生命中的力量，我還會害怕誰呢？」你將會得到回應，得到保護。
6. 當一個人辱罵並拒絕償付一筆合理的債務時，以愛與光包圍住這個人。感受並知曉，上天之愛流過那人，而和諧的法則戰無不勝。一個和諧的解決辦法會隨之出現。

7. 對你周遭及世界各處的所有人散發出愛、和平與善意。希望他們健康、快樂、平靜、富足，以及生命中所有的賜福。當你習於這麼做時，你將得到無數的賜福。在生活中失敗的人當中，百分之九十是以錯誤的方式與人產生摩擦。愛與善意就是解答。

8. 愛是實現健康、快樂、財富與成功的法則。愛是對所有人良善，而你為他人所祈願者，也是在為自己祈願。

9. 如果對他人的富裕與成功滿懷怨恨，請試著對你所見到與遇到的每一個人宣稱：「上天的愛充滿你的靈魂，而無窮的財寶現在就是你的。」你的生命中將會發生奇妙的事。你的妒忌與惡意將得到痊癒，而且你將會成功。

10. 如果你已婚，告訴你的妻子或丈夫：「我愛你，上天愛你。」感受它，相信它，讚美它。愛會團結及維護婚姻。

11. 如果你有皮膚的毛病，祈禱：「我的皮膚是上天之愛的一個外殼。它沒有瘢點，沒有傷疤。」要認識到，上蒼之愛將會驅散所有的異物，而你的皮膚將變得無缺無損、容光煥發與完美。

12. 如果牽涉到任何一件延宕時日與複雜的法律訴訟，理解上天的愛流經所有涉案者的心與腦，經由和諧與上天之愛，自會有解決之道。想像美好的結局，並且經由上蒼之愛的行動仔細思考心靈的解決辦法，你將得到勝利與正確的行動。

13. 你要理解上天之愛也在別人心裡，而且上天之愛亦會充滿你、包圍你而保護自己。要認識到，如此則是靈魂與靈魂在交談，你將會受到保護，並且被釋放。

14. 要維護一個婚姻，在彼此身上要看到上天之愛，並且彼此讚揚，而此婚姻將會隨著歲月而得到更多的賜福與庇佑。愛能團結，愛能復元受傷的靈魂。上天就是愛。

15. 使用本章結尾的冥想來使日常生活中的各種財寶得以具體呈現。

15 如何充飽吸引財富的磁力

愛默生說：「只有原則得到勝利，才能帶給你平靜。」當你學到你的心智如何有效運作，並且聰明地運用時，你將會更為平靜、成功、鎮定、平衡與安全。

建造大橋的工程師會在他的工作中遵照數學的原理，他可以利用他所學到的壓力、張力以及材料特性等知識。這些是奠基於昨日、今日、明日都一樣的永遠不變定律。

心智的法則也是以類似的方式而永遠不變。過度的壓力擾亂了數以千計人們的日常生活，造成一連串的沮喪與許多神經失調。一定程度的焦慮其實是正常且必要的，例如，即將上台的歌手都有某種程度的緊張。作為一種能量與力量的累積，這是可以完全理解的，它可以使他的頭腦與精神的電池都充滿力量，讓他能夠克服任何一絲失敗的念頭。危險的是過量與拖延的緊張。當歌手開始唱歌時，他一點一滴釋放著豐沛的能量，就像上緊發條的時鐘滴答算著時間一樣。如果發條上得太緊，會把彈簧弄壞，然後我們不是沒歌可聽，就是不知道時間了。

當你讓自己充滿著來自上蒼的強大力量，你感覺到可以做所有的事情時，你將會演出一場精采的表演。

一位企業家如何清償債務

最近一次前往拉斯維加斯的飛機上，我和一位以網路為基礎的電子商場創辦人兼總裁的瑪芮亞女士聊了一下。她告訴我，在她開創公司不久後，她碰上了一個非常嚴重的現金流量問題。她的供應商們開始催她付款，並且縮減對她的出貨量。看起來整個營運即將要完蛋了。

「在一切看似跌到谷底的一天晚上，」她說，「我的心裡浮現一個想法。我坐下來，把所有我欠錢的債主一一列出來。我寫下每一個人的名字，以及我所欠他們錢的金額。然後，在我的想像中，我拜訪每一個人，並且交給他一張支票，上面寫著我所欠的全部款項。在我的心靈之眼中，看到每一個人都笑著，並且感謝我是如此負責。我可以感受到每個人握手的感覺，並且看到每個人臉上的快樂表情，聽到每個人都說我的信用永遠令人滿意。」

她補充道，她每天晚上都遵循此一步驟，盡可能地生動逼真，感受到其中全部的真情與歡樂。每一次，當她結束祈禱的程序時，她感受到一種很棒的平靜與安寧。在大約兩週的尾聲，她做了一個鮮明的夢。在這個夢裡，有一隻手引領著她進入一家賭場，並且來到一張輪盤賭桌前，然後在輪盤上顯示了一組特定的數字。當她醒來後，她寫下這些數字。當天晚上，她完全就照著夢裡所記得的去做。不到半小時的時間中，她贏到許多錢，足以付清她所有的欠債。她從此再也不曾賭博，並且說她絕不會再賭。她潛意識的智慧以它獨特的方式回應了她的要求。

如何消除債務帶來的焦慮

多年來，我將下列的祈禱文交給許多身負債務，並且有一堆未付帳單等著他們的人：

上天是我供應的源頭。我知道，當我焦慮時，表示我不信任上天的力量。我現在擁有的將會被擴大並且增加千倍。我了解，所有我擁有的金錢是無盡財富的一個符號。我轉向我內在的永恆存在，我的心和靈魂都知道，它對我開啟了清償債務、留給我大量剩餘物資之路。我把一張債務的清單交到上天手中，而且我感恩在上蒼的旨意下，它們得以付清。上天的財寶在我生命中循環不息，而我欣喜並非常高興，每一個債主現在都付清了，上天使我興旺，超過我最深遠的夢想。我相信我現在已接收到，而且根據我的信仰，知道祂在我身上運作。我明白上天現在會為我賜福。

我告訴那些負債的人，要欣喜、忠誠地提出這些事實要求，並且了解總是會有符合他們所要求的回應。當心中產生焦慮的念頭時，他們絕對不要去想成堆的帳單或匱乏與債務，而是笑著感恩上天的豐富與財寶，並且為現在債務已經清償而高興。當此一技巧被忠實地遵守執行時，就會重建對於財富的一種思想，而且我曾看過隨之而來的不可思議成果。你可以應用此一技巧，讓你的生命出現奇蹟。

學習放鬆與放下，體驗周遭的財寶

要相信看不見供應本源並不難。你的五官向你顯示了在三度空間中圍繞於你四周的世界。你耳朵的聽覺，只能聽到聲音中幾個八度音，但是收音機或電視，卻能夠讓你聽到所有來自千里之外的交響樂、音樂、笑聲、歌、戲劇、演說等聲音，而這若是光憑著耳朵的官能是聽不到的。

你的眼睛是準備要去看周遭的真實物體，但四周充滿了電影明星、歷史事件、喜劇、悲劇，當然還有數不清的廣告，在這樣的情況中，僅靠著眼部的官能是看不到的。

你看不到伽瑪射線、貝塔射線、阿法波、音波及宇宙射線，但周遭的環境中卻無時無刻不是充滿了這些振動。

你所想像的財富、金錢及財產等形象，你無法「看見」它們，而且在你對它們起心動念前，它們就已存在，並且還會令其如真發生。經由接受此一事實並感受其真實，你想像中所看見的那些形象都會變成財富、金錢或任何你所需要的物品。念頭就是實物。

一位祕書如何克服辦公室焦慮

「我變得每天早晨都會害怕去上班，」麗莎在一次談話中告訴我，她是一家大法律事務所的總裁祕書。「那裡的員工之間有許多的衝突、爭論與背後中傷。我試著不要在意，但是所有的陰謀詭計真的逐漸對我造成傷害。呃，不只是我，而是對每一個人。這真是糟透了！」

「在這樣的環境下，工作非常困難，」我同意，「但是你應該了解，除了你自己以外，沒有一個人能夠真的干擾你。打擾你的，是你對這些事情的反應，以及你自己的思想活動。但是你的思想由你控制，而不是由其他人掌握。你的沉著與內心的平靜可以作為保護傘，在此卸掉所有人家試圖加諸在你身上的負面能量。」

我繼續解釋，其他人的建議、陳述與行動，並無權力擾亂或打擾你，除非你把你內在那力量讓渡給他們，並且告訴自己：「他或她有惹惱我的權力。」如果你這麼做，那你是在心中推崇偽神。你的和諧、平靜、健康或財富，並非要依靠別人。在你的心中推崇上天的力量。讓上天成為你的雇主、老闆、主計官、調停者及解決麻煩的人。

我向麗莎建議，經常使用下列的心靈方程式：

上天之愛在工作時統領我。我對於其他人並無意見；我不批判，因而，我不會痛苦或被干擾。上天的平靜與和諧統領著我與我所有的行為。每一個焦慮的念頭會完全平靜下來，因為我是在為上蒼工作，而祂的平靜充滿了我的靈魂。信心與上天的喜悅在所有時候都擁抱著我。

所有在辦公室工作的人都是上天之子，而每一個人都對辦公室的平靜、和諧、興旺與成功有一分貢獻。上天之愛進了我們辦公室的門；而無盡的愛統領著每間辦公室所有人的心與腦；而且上天之愛也傳出門外。上天是我的老闆、我的主計官、我的嚮導及我的顧問，而我不承認其他任何人。我將所有的能力及表彰歸於上蒼，而我安詳地、平靜地行走在祂的光裡。我笑、我歌，且我欣喜、高興。上天在我生命裡顯現奇蹟。

麗莎每天早上前往工作前及每天晚上臨睡前，會重複此一祈禱文。她迅速地建立了對周遭人士所有負面建議與想法的免疫力。當某人令人厭憎、自以為是或尖酸刻薄時，她會默默對自己說：「讚美內在靈性的力量。上天透過你思考、說話及行動。」沒有任何事可以打擾、動搖或驚嚇她。她早已發現上天就在她裡面發生作用，而那就已足夠。知道如何祈禱帶來驚人的好處。它也會對你發揮一樣的作用。

一個學生克服了考試失敗的擔憂

傑克是一名大學四年級生，坐在我的辦公室中，雙手緊緊地扣住他的膝部。「我知道我要被當掉了，」他告訴我，「我每天晚上都拚命K書，但是到了第二天，我全都忘記了，什麼都不記得。每次一考試，我會緊張到你無法相信的地步。我能怎麼辦？如果我大學被退學，我爸媽會難過死。」

我告訴傑克，他麻煩的根源是持續不斷地感到焦慮與緊張。他去上課，卻害怕他無法記住，去考試又怕考砸。在那樣的壓力下，心智就會建立一個區塊。他所需要的資訊儲存在他的潛意識中，但是壓力卻使它無法經由表面意識來接近使用。

我提供一個心靈方程式，建議他在每天晚上開始讀書前，祈禱下列的事：

你認識上天的力量，就得平安；福氣也必臨到你。上天的力量使人安靜，誰能擾亂呢？你得救在乎回歸安息；你得力在乎平靜安穩。因為上天不是教人混亂，乃是教人安靜。喜愛上天法則的人有大平安，什麼都不能阻礙他們。

他每天晚上都以這些偉大真理充滿自己的心思，吸收並在精神上消化它們。他想像著這些真理沉入他的潛意識當中，就像種子播在土壤裡，並且變成他的一部分。他做了心理上的一種調整，並且將他注意力的焦點集中在上蒼偉大的平靜與力量上，不再聚焦在他的問題上。

他的心思專注在上天的力量中。每天晚上就寢前，他都會默念：「我對於所需要知道的一切事情有完美的記憶。我在上天的旨意下通過所有的測驗，我因而感恩。」他現在克服了他的問題，並且在精神、智力與身體上都是放鬆的。他的焦慮被移開，他的才華及記憶被釋放。當他的心思沉浸在這些真理中時，潛意識裡所有的負面思考模式被中和了，並且藉著對他心思的除舊佈新而轉型成功。

他克服了焦慮精神官能症

我最近與朗恩談過話。朗恩是娛樂事業中的一名高級主管，他告訴我，他的醫生診斷他是因為患了「焦慮精神官能症」而痛苦。他並補充，他緊張得不得了，深為嚴重的失眠所苦，並且經常擔憂金錢與未來。

我向他解釋，適度的情緒張力是好的。例如，沒有張力的鋼鐵稱不上是好鋼鐵。我還補充說，他的醫生所意指的，毫無疑問地是指反常地被誤導的張力或能量。我建議他與醫生合作，但是我也力勸他實行偉大的祈禱治療法。

朗恩克服他焦慮精神官能症的方法如下列。他從開始一天進行三至四次的單獨冥想，在這些時間當中，他平靜而滿懷愛心地宣告：

我的雙腳是放鬆的，我的腳踝是放鬆的，我的小腿是放鬆的，我的腹部肌肉是放鬆的，我的心臟和肺臟是放鬆的，我的脊椎是放鬆的，我的脖子和肩膀是放鬆的，我的腦子是放鬆的，我的兩眼是放鬆的，我的雙手與臂膀是放鬆的。我的整個人是放鬆的。我覺得上蒼的平靜之河流過我，就像一條生命、愛、真理與美的黃金之河。

全能上天的精神與靈感流過我，激勵我、治癒我，修復我整個人。全能上蒼的智慧與力量使我在上天的旨意下，經由神聖的愛，滿足我一切的目標。我總是放鬆、平靜、泰然自若與安定和諧的，而我的信仰與信心在上天與所有的善事裡。藉由上天使我強大的力量，我可以做所有的事情。

我居住在至高無上者的神祕殿堂裡，而我所有抱持的想法符合和諧、平安，並與所有人為善。因為上蒼賜給我們的，不是膽怯的心，乃是剛強、仁愛、謹守的心。我安靜入睡，醒來喜悅。上天提供我一切的需要，而祂的財富自由地流進我的生命。上天的仁愛給我保障。

朗恩在每天反覆重申這些真理，這些神奇的心靈振盪抵消並消滅他潛意識中充滿病態的焦慮。他最喜愛的兩個詞是「沉著」與「平靜」。他發現了精神上的儲備量，可以召來徹底擊潰所有的焦慮與擔憂念頭。他現在對所有善事有一種深刻的信仰。他發現到平安是上天之力量。

讓內心財富出現的冥想

以下的冥想是為了讓人們追求更富裕的生活與持續的興旺而做：

今天我在精神上再度重生！我完全脫離自己舊時的思維，並且上天的愛、光與真理，明確地進入我的生命。我有意識地為我遇到的每一個人感受愛。我在精神上對所有我接觸到的人說：「我看到你內在的力量，而且我知道你也在我內在看到這樣的能量。」我承認上蒼的特質在每一個人裡面。每天早晨、中午及晚上我練習此一冥想；這是我生活的一部分。

我在精神上再度重生，因為我整日體驗到上蒼的存在。不論此刻我在做什麼——不管是行走於街上、購物或做我日常的事業——任何時候我的念頭離開上蒼的力量或善事，我會帶它回到聖靈的期望中：我感到高貴、有尊嚴，並且神聖。我行走在一種高層的情境中，感受我與上蒼合而為一。平靜充滿我的靈魂。

本章牢記要點

1. 只有原則得到勝利，才能帶給你平靜。以正確的方式使用你的心思，只思考好的想法，而你將會經歷平靜與沉著。正確地想，正確地感受，正確地行動，正確地作為，並且正確地祈禱。

2. 有一定程度的緊張是好的，過量的緊張卻具有破壞性。如果你替時鐘上發條上得太緊，你會把彈簧搞壞。為了任何重要的任務或表演，你累積了一定數量的能量，這些是上天的力量在你裡面。它讓你能夠上演一場令人讚嘆的表現；就像是一台上好潤滑油的時鐘，你有節奏地、和諧地，並且滿懷喜悅地在滴答時中消磨掉這些能量。過度的緊張就是懼怕與焦慮。想著上天的平靜流過你，而全能的力量使你變強，懼怕與焦慮將會無計可施。

3. 當你有許多的帳單卻無力償付時，不要讓欠人家錢的想法盤踞心中。要求上天成為你立刻的供給，現在就滿足你的財務需要。將所有債主的名字與你欠每個人的金額一一寫下，並且感恩現在就將它們付清。想像你給每個人一張支票，而他們笑著恭喜你。一再重複如此去做，直到你覺得它像真的一樣。

4. 在你的心思裡滿心高興並歡欣喜悅，現在所有債主都得到清償，而且上天的財富正在你的生命裡流動，你的成功與旺將會超出你最深遠的想像。相信、喜悅，並且感謝，因為上天絕不失敗。

5. 要了解你在此一宇宙中所看到的所有事物，都是出自於上天或人們看不見的心思。你所想像的財富會帶來財富，就如同工程師或營建商的心思中，你的電腦、汽車或是住家，在一開始都只是他們想像中的形象。

6. 除了你自己，沒有一個人可以干擾你；是你自己的反應或想法打擾你。只要沒有意見，就沒有痛苦。使你的眼睛關注於你內在的力量，並且將你的忠誠、忠心與信心交給你心裡那至高無上的源頭。停止崇拜偽神。當你將雙眼盯住上天時，你的道路上沒有邪惡。上蒼是你的老闆、主計官、嚮導，以及顧問，而你將所有的榮耀歸於祂。

7. 過度的緊張與焦慮會在各方面干擾你的記憶與效率。取得一個平靜心思的理想方式是認同偉大不朽的真理，並且反覆重申智慧的心靈寶石。經由同化，它們將會滲透入潛意識，而你將會發現自己放鬆且處於平和狀態。謹記這些心靈珍珠：你堅心倚賴的，必保守你十分平安。

8. 當你緊張、焦慮、緊張不安與擔心時，老是想著此一偉大真理：上天賜給我們，不是膽怯的心，乃是剛強、仁愛、謹守的心。如果你是一個失眠症患者，在睡前確認：「躺下，必不懼怕；躺下，睡得香甜。」

9. 使用本章結尾的冥想來平息緊張與焦慮，並且體識每個人內在都有無窮的力量。

16 如何獲得黃金般的豐盛祝福

正如我之前所說，愛默生在作品〈論自助〉中提出了自信的鑰匙：「相信你自己：每顆心都隨著那根弦共鳴。……偉大的人物總是這麼做，像孩子似地將自己託付給時代的精神，披露自己的認知，令人信仰的上蒼在他們的心上設下座位，假他們的手來行事，主宰著他們的身心。」

有許多的男男女女並不相信他們自己；他們貶低自己。每一個人的真正自我就是上蒼的力量，也就是愛默生筆下在你們心中設下座位的「令人信仰的上蒼」，聖靈就寄宿在你主體的深處，支配著你全部的身體，即使在你沉睡中亦照管你。這是移動你雙手，並且讓你能說話能行走，向你顯示所有你需要知道事情的看不見力量。你只需信任此一存在與力量，就會得到答案。而遇見與認識這股力量的地方，就在你自己心裡。

建立自信

當你認識上天的力量時，自信隨之而來。愛默生所稱的「令人信仰的上蒼」，是在你自己的深處。時常默念：

上天的力量居住在我之中，與我同行和交談。現在上蒼在指導我，經由可使我變強的上天之力，我可以做一切事情。如果天意站在我這邊，誰能反對我？沒有任何力量能夠挑戰上天，而上天以各種方式關照我。我知道每一個問題都要憑藉著上天的力量勝出，而我勇敢地努力應付每一個任務，我知道上天會顯示答案，上天愛我並照顧我。

每天早晚，用心吸收這些真理的美與智慧，它們就會逐漸包圍你，滲透入你的潛意識，而你以不變的信仰與信心，加上一種戰勝所有問題的感受，穿越生命中的世事變遷。

自信如何帶給一個年輕人財富

我最近去藥房購買處方藥時，與一位年輕的藥劑師聊了起來。我注意到在他執照上的姓氏，與藥房的店名相同。「這是家族生意嗎？」我問。

「不完全是，」他回覆道，「直到兩年以前，我還在一家大型連鎖藥局上班領薪水。但是我跟經理處不來，坦白說，他要我採取一些權宜之計，但我認為那有違道德。他最後以『能力不足』為由將我開除。」

「真糟糕！」我評論道。

他笑了起來。「完全不會！結果，那一天成了我一生中最幸運的一天。當此事發生時，我告訴自己，這件事只可能是好事，因為我了解，睿智的上天引導我、指揮我，並且向我顯示我的下一步。我當時感到有一股深切的、直覺的衝動，想要和我的岳父討論剛才發生的事。他非常生氣，並且說他對我的能力深具信心，所以他要借我錢，買下我自己的藥房。」

「就是現在這一間嗎？」我說，抬起頭環視這間明亮、新穎的店鋪。

「並不完全對，」他再說，「我的藥房生意非常好，於是我能夠把錢還給我岳父，並且有能力付第二家店鋪的自備款。就是這一間了。」

這一位年輕的藥劑師相信他內在的自我，以及他有成功的能力。他的自信替他掙得了極大的利潤，不僅止於金錢，還有自信、保證，以及一種少見的幽默感。記住，自信是會蔓延的；它還會主觀地傳播給那些明白了你的內心追求後，提供你幫助的人。

他的自信驅散了財務困境

我已故的同事奧利薇．葛瑞曾告訴我有關一個男人來找她的故事。他對他的兩個兄弟滿懷怨恨與敵意，因為他們從他手中騙走了一大筆錢，使他陷入財務困境，整天驚恐不安。

她指示他將信心放在本源上，並且以下列方式將他的兄弟從恨意中釋放：

我將我的兄弟完全交給上天。我有信心上天是我永遠的供給源頭，上天的愛充滿我的靈魂，來自上天的平靜滲透到我的心與腦。我對於上天的引導與指揮有最高的信心，在上天的力量中我將強大。上蒼的財寶自由地、喜悅地、無窮無盡地流向我。我現在感恩上天的財寶。

當他將這些愛與信心的種子播下後，他內心的所有痛苦都驅散了。一直以來，他都照料著他的祖母，她已經非常衰老，但並不想去老人之家。他一天去探視她兩次，並且查看她有何生活所需。他幫她買雜貨、付帳單，並在週日開車送她上教堂，而他一直以為她靠著微薄的退休金與社會福利金過活。他完全是基於善意與愛來做這些事，並未期待或尋求任何的報償。

他的祖母在一天晚上突然過世。令他大為吃驚的是，有一個律師打電話告訴他，她全部的遺產都留給了他。全部的遺產有數十萬美元之多，比他被兄弟們騙走的錢要多得多。他對於福報源頭的信心，加上他付出的愛心、寬恕及善意，替他帶來豐富的收穫。

睡前建立自信心

發展自信最好的時機之一，就是在就寢前的時間，此時你是在一個昏昏欲睡的、困倦的、放鬆的狀況，你潛意識的界限更容易跨越，這使得它成為把新想法灌輸到深層內在的最佳時機之一。在睡眠期間，這些想法在你的心靈暗處逐漸醞釀，而你的更深層次心智決定了帶來財富、成功與發達的最佳方法。

一位名為羅傑的商業高級主管向我坦承，他當時深受失敗與破產的恐懼所折磨。他已盡可能拖延他的債主們，但他不認為他能再撐多久。我給他下列有關信心、財富與成功的想法，要他每天晚上臨睡前緩慢、安靜、充滿感情地默念：

我每天晚上平靜入睡，而且我滿懷信心與喜悅地醒來，我知道上蒼正在引導我，並向我揭示滿足我渴望的完美計畫。我的事業就是上天的事業，而上天的事業總是會成功。上天的財富在我的生命中循環不息，而且總是會豐盈滿溢。我將持續不斷地吸引越來越多的顧客來到我面前，而在我生命中的每一天，我都將提供更好的服務。我所有的員工都會受到祝福並會成功、快樂、興旺、繁榮，而上天的財寶在所有人的心與腦中凌駕一切。我充滿信心，並完全信任我的資深夥伴，也就是上天的力量。

羅傑每天晚上練習此一祈禱治療法的技巧。當他將這些給予活力的模式注入潛意識時，他發現他的整個生命與生意模式也隨之改變。有一家跨國公司打算擴展生意到他的商業領域，便提出一個很好的價碼，以現金和股票買下他的公司。他很高興出售手中事業，並且在最後清算之下，所得遠超過他的期望。他於是能夠清償他所有的債務，並且到夏威夷退休養老。

你內心深處的力量，其手段難以測度。就像羅傑一樣，你可以向自己證明，你的潛意識會放到極大，遠超過你所灌輸進去的思想。

重新評估自己

贊成你自己，接受你自己。要領悟你是上天一個獨特的、具有個人特色的表現。你是上天之子。你對自己的新了解之基礎，在於深刻相信內在的上天力量，祂總是回應你的想法。將你的信仰寄託在那些永不改變，昨日、今日與永遠都一樣的東西上。各種神學、政府、哲學與政治制度此消彼長、起起落落；所有一切變化後又在宇宙間消逝不見。但當你將信心託付在心裡的生命本源後，你將絕對不再缺乏任何東西。任何形式的錢財都會供你使用，你將擁有所需要的一切東西，以及上蒼的庇蔭。

自信驅散了她的自卑感

我有一次在一家百貨公司購買新襯衫，我詢問那位在旁幫忙的年輕女性，那襯衫的花色我穿起來是否好看。

她的臉上掠過一個警覺的表情。「噢，拜託，不要問我，」她匆忙地說，「我對這一竅不通，我最好找我的主管來。」

我很驚訝，看一下她的名牌，然後說：「唔，莎莉，我不認為有此必要。我只是想要你的意見。你不必是個專家也可以有意見。」

「我很抱歉，」她說，「只是我真的不懂，我沒有讀過大學。讓我去找某個更能夠幫助你的人。」

「你不必因為沒有上大學而難過，」我說，「我們都有未開發的優點，但我們並不知道。發生在你身上的事，包括你的教育，都是你對於自己想法的結果。如果你改變自己的想法，你也會改變發生在你身上的事。」

「我很想相信這個，」莎莉嘆氣說，「但我甚至不知道該從何處開始。」

我們做了安排，請她在工作結束後來我的辦公室，而且我也買好了襯衫。我向莎莉建議，她要開始經常性地宣告下列真理：

我是上天之子女。我是獨一無二的，全世界所有人當中沒有一個人像我一樣，因為上蒼絕不會重複祂自己。上天創造我，而我是祂的孩子。上天愛我並且照顧我。任何時候我有批評或找自己過錯的傾向時，我會立刻宣誓：「我衷心頌揚上天的力量。」現在上天正透過我，以一種奇妙的方式表現祂自己。我對所有人散發出愛、平靜與善意。我伴隨著上天而行。我知道我的真我就是上蒼，而且從此刻往前，我對內在的靈性滿懷健康虔誠的尊敬，祂創造了我並給我生命、氣息及一切。

當她冥想這些真理時，她發現所有的不安全與自卑感覺都消失不見了。她開始安靜地思考她想要的職業。她開始進修晚上的資訊管理課程，很快地，她在店裡被晉升到一個管理職位。後來她認識一名同樣受到缺乏自信心所苦的同事，在幫助他認清自己與上蒼的關係過程中，她愛上他了。今天他們享受所有和諧、靈性與富足的婚姻的財寶。因為她與內在的財寶構成了連繫，她發現生命的財富於空間的螢幕上具體呈現。

相信自己在學業上的能力

羅比是一個老朋友的兒子。他有一天來找我，並且透露，他的教授建議他加入一堂微積分課程，但是他很害怕這麼做。

「我相信我一定聽不懂，」他補充道，「我就是沒有這種背景。」

「羅比，這個理由我無法接受，」我回答，「你的教授如果不信任你的能力，或是對你沒信心，我不認為他會力勸你如此做。而更為重要的是，睿智的上天就在你裡面，你這麼聰明一定知道它總是會回應你。你已有了成功的必備條件，只要你相信它……憑著你對上天的信仰以及心智法則的引導，我完全有信心你可以做到，而且我要你立刻接受教授的提議。上天會在學業上帶領你，並向你揭示所有你需要知道的事情。」

在我的信心及讚美下，羅比流露出高興的神情。今天，他在微積分課上名列前茅，並且考慮攻讀此一領域的研究所。

羅比所需要的是某人激起他的信心，以及對內在自我的肯定。記住，全心全意相信你和別人的內在自我，奇蹟將會發生在你與他們身上。

丈夫的信心喚起妻子的潛能

「我的妻子很聰明，但她的學術生涯毫無發展。」亞當這麼告訴我。我已經知道他是律師界的明日之星，而他的妻子安妮在一家有名望的大學裡教授藝術史。

「為什麼你會那麼想？」我問。

「她完全缺乏野心，」他回答，「那些沒有她一半好的人得到各種升遷機會，但她完全受到忽視，我實在看不下去了。真希望她能感覺到自己是有資格的。我曾經和她談這件事談到筋疲力竭，但是我看不出這樣做有任何好處。」

「也許是採取一個新方法的時候了。」我說。我建議，與其與她談話，倒不如嘗試沉默的方式。我解釋，一天大約三到四次，一次大約五分鐘，他要對妻子未被開發的能力做一個自信及認真的宣示。「當你這麼做時，」我斷定，「你的妻子將會在內心接收到你的宣告，她的潛意識會驅使她去表現出她的潛力。」

亞當同意了。他從當天下午就開始重複下列的宣言：

> 我的妻子偉大而成功。她絕對傑出。她內在的力量是全知全能的。我的妻子始終受到榮耀；她登上了成功與晉升之階。她真正的才華得以顯現，並受到重視。她得到上蒼

的指引，她的成功現在見諸事實。我感恩，因為我知道我的決定激起她內在的天賦。

三個月的時間裡，安妮一篇重要的論文得以出版，並且晉升為終身教授職。她同時還接受了一筆名聲卓著的學術贊助金，讓她可以在義大利待一個夏天，專門研究一位長久被忽視的文藝復興時代畫家。她丈夫內在對她能力的信心，具體呈現於外在的現實上。

建立自信心的冥想

我知道，我問題的答案就在我內在的力量裡。我現在安靜、平靜與放鬆。我心平氣和。我知道上天平靜地說話而不混亂。我現在與無窮智慧步調一致；我現在絕對相信無窮智慧正向我顯現完美的答案。思索著我種種問題的答案，我現在感覺到這些問題已被解決。我真正持續不變的信仰與信任是解決的心境，這是聖靈在我之中的作用。聖靈是全能的；祂體現祂自己；我整個人欣然接受解決的辦法；我很高興。我活在此一感覺中，並且感恩。

我知道上蒼自有答案。與上天同在，所有的事情都有可能。上天是我心裡全能的聖靈，是所有智慧與啟發的本源。

上天在我內心出現的指標，就是平靜與鎮定的感受。我現在不再感受到一切負擔與掙扎。我毫無保留地信任上天的力量。我知道我過著一個榮耀與成功的生命，我所需要的一切智慧與力量都在我裡面。我放鬆全身；我的信仰就在祂的智慧中；我自由自在。我要求並感受到上蒼的平安流經我的心、我的腦與整個人。我知道平靜的心智能解決它的問題。我現在把所有的祈求託付給上天，因為我知道它一定有答案。我不再煩憂。

本章牢記要點

1. 愛默生說：「相信你自己：每顆心都隨著那根弦共鳴。令人信仰的上蒼在他們的心上設下座位。」要知道，上蒼的力量就居住在你體內，在你心裡說話、行走，回應你的想法，並且給你信心與信仰，因此你永不失敗。

2. 因為你知道內心的力量是全能，這讓你建立起了自信。沒有任何東西可以反抗全能者，沒有任何人可以挑戰它。而且當你的想法是上天的想法時，上天的力量與你的善念同在。要了解上蒼愛你並照顧你，然後所有的不安全與恐懼感覺都會遠離而去。

3. 如果你被開除某個職位，不要沮喪或憤恨，只要理解你內在的力量將會在上天的旨意下為你敞開一扇表現的新門戶，而你將會體驗祈禱被回應的喜悅。

4. 將信心交託給上天，祂是所有賜福的本源。當你向祂求助時，答案就來了。要求「上天的財富在我的生命中循環不息，而且上天始終在引導我」。如果你曾對任何人憤怒怨恨，釋放那個人，祝願他有生命中一切的賜福。當你在心與腦中充滿了上天的愛，所有的痛苦與怨恨將隨之驅散，而好事也會川流不息地向你而來。

5. 練習在每晚臨睡前向你的潛意識傳達發達、成功與富裕的想法。當你使之成為習慣後，你將會建立在你生命中富裕與成功的模式，而你潛意識中的力量變得具有強制性，你會發現自己不由自主地在所有的領域中表達上帝的財寶。你將會發現有肉眼看不見的力量急著要對你的無數好事施予援手。

6. 認同你自己。你是上天之子，並且是生命中所有財富的繼承者。在你裡面的自我就是上天的力量。榮耀並頌揚你內在的力量。在你的心智上了解、相信，並練習與內在的力量密切合作，要明白它將會回應你，並且在你生命的每一天中照料你。你將會體驗到在這麼一個變動世上的財富與平安。

7. 當你明瞭了上天是你的創造者，愛你並關照你時，所有自卑情緒都會不翼而飛。任何時候當你有詆毀或貶低自己的表現時，要確認：「我頌揚在我內心的力量。」當你將此養成為一種習慣時，所有的自我拒絕與自卑情緒全都會不翼而飛。當你練習此一技巧時，上天的力量將會流過你，填滿你生命的空杯。

8. 讚美別人的個性、力量、天賦與能力，他們就會提升到那樣的境界，而且你會發現到他們真的會盡力發揮內在的才華能力。讚美是一個能產生奇蹟的力量。多多練習。

9. 你可以對你的丈夫、妻子或其他親近的人傳達沉默讚美的財寶。這在你的心思上並無時間與空間的限制，而當你帶著感情與了解來宣告，你的夥伴是一個極有成就的人，在各方面都有神聖的指引、表現與成功，你的信念將傳達到你夥伴的潛意識中，而得到實現。你所認定之事將會見諸事實。聖保羅說：「因此，我使你記得，你應善加利用你內在的天賦才能。」

10. 使用本章結尾處的冥想以達到自信的平和與安靜。

17 召喚療癒的能量，帶來你想要的財寶

在古老的教堂上都會寫著這些文字：「醫者敷傷，上天癒人。」全宇宙只有一個萬能的治癒力量，它無所不能，無所不在。它既在星辰之中，也在土壤裡，在貓狗的身上，也在大象、蠕蟲的體內。人們以許多的名稱稱呼它：上帝、阿拉、超靈、天意、自然、宇宙、智慧的化身與許多其他的名稱，但是每一個名稱都只不過是將我們的知覺指向那唯一的無窮療癒力量。

這一不可思議的療癒力量就存在於你自己的潛意識中，它是你身體的製造者。此一療癒力量會治好一個不健全的財務狀況、一個破碎的家、一個飽受病痛折磨的身體、婚姻的不和諧、感情上的痛苦，以及各式各樣的麻煩。當你年輕時，你可能有多次遭到割傷、擦傷及受到挫傷的經驗，大多數的情況下，你可能對這些傷害置之不理，在知識上相信身體的治療程序會照顧它。然而隨著「智慧」的增長，我們卻開始對這種某些人稱

之為「身體的智慧」，失去了本能的信心。

一場婚姻激起了療癒的能量

黛芬妮來見我時，心情非常苦惱。她才二十多歲，已經在一家大藥品公司中被拔擢到一個中階管理的職位。她在那裡遇到一位聰明的年輕生物化學家，並且墜入愛河。他們現在訂了婚，準備要結婚。

「致上我最誠摯的祝福。」我說。「那為什麼你看起來並不快樂？」

「是因為我母親，」她以一種哽咽的聲音說，「我沒有告訴你，米蓋爾來自於阿根廷。不僅如此，他還是猶太人。而我的母親……呃，最委婉的說法，就是她很傳統。」

「你是指她心懷成見？」我順著她的話猜想。「她並不贊成你與米蓋爾結婚，是因為他的背景與宗教？」

黛芬妮突然哭了起來。我靜靜等著，然後遞給她一張面紙。過了一會兒，她說：「我從來不知道她可以這麼討人厭！她辱罵他，說他不適合我。其中她說的最客氣的話，就是說他是一個骯髒的外國人！」

「你想她為何會是這樣的反應？」我問。

「噢，我知道為什麼，」她酸溜溜地說，「她和我父親多年前離婚，而她現在跟一個叫唐的人在交往，這傢伙是個心地狹窄的人。她怕我嫁給米蓋爾後，唐會把她給甩了。除此之外，唐還有個不成材的姪子，而我母親一直努力想撮合我們。我能說什麼？她想要完全控制我的生活——並且毀了它！我不知道自己還能不能撐下去。」

我大吃一驚，問：「你這麼說是什麼意思？」

她的眼神看向遠方。「我開始有這些想法了……就是遠離這一切。這些痛苦、害怕……如果能夠一睡下去，永遠不再醒來，那該是多麼舒服。我知道這些念頭並不健康，甚至有些過分，但是我似乎無法趕走它們。而且我很害怕在軟弱的時刻，我會做一些糟糕的事情。」

「黛芬妮，」我說，「你是否曾經有過在淋浴時，拿起肥皂，並且開始感到它要從你的手中溜走？」

「哦，當然有。」她回答時，帶著一種受驚嚇的表情。「為什麼要問這個呢？」

「通常接下來會發生何事？」

「呃，」她說，帶著一點笑意，「我會更用力抓緊它，不讓它掉下去，結果它反而整個飛出，彈到房間另一頭！」

「正是如此，」我說。「而現在，你就是這塊肥皂。你母親覺得你正要從她手中滑掉，所以她要用力抓得更緊。但是，在你心深處，你知道，你必須逃開。那種感覺當然是正確的，同時也像是得到上天的啟示一樣，但是你所想到並造成你如此痛苦的那個唯一脫身之策卻並不正確。你來到這個世界，是來此發展、擴張並榮耀你的生命，而不是人為地結束它。」

「我有同感。」她說，緊緊地互握著雙手。「但是我能怎麼做？我愛米蓋爾，我不在乎他是否來自不同的國家或是宗教，那對我一點都不重要。我愛他，而且我想嫁給他！」

「你是一個成年人了，」我指出，「你有權利與責任決定自己要與誰共渡一生。而且正如你心裡最深處所知道的，愛是沒有主義、種族或膚色的差別。愛情超過所有這些膚淺的類分。在你決定嫁給所愛的男人這一刻，你就得到了治癒。這些令人心神不寧的念頭就會永遠離你而去。」

三週後，我為黛芬妮和米蓋爾舉行了結婚儀式。結束之後，她打電話給她母親，告訴對方她已經結婚了，並且即將動身前往南美洲度蜜月。她的母親怒氣沖天，但是黛芬妮說：「媽媽，我已經把你交給上天的力量。你再也不能命令我，也不能再操縱我的心智了。再見，願上天保佑你！從今而後，我會向上天尋求指導，祂的智慧與愛將會引領我進入快樂與平安的道路。」

我最近收到黛芬妮的一封來信。她和丈夫現在住在布宜諾斯艾利斯，他們在那裡為同一家藥品公司工作。他們十分快樂，並且體驗著生命的財寶。至於她的母親，她後來尋求我的忠告，並且努力發展與女兒恢復友善的關係。愛的報酬無比豐富。

自由的療癒能量

「我十分擔心我兒子亞瑟，」瑪娜告訴我，「他和他妻子一天到晚在吵架，而且我無法贊同他們撫養孩子的方式。他們現在都十多歲了，正是要開始撒野的時候！」

「你兒子多大歲數？」我問。

「已經五十四歲了。」她回答。

「而你想要在上天的旨意下有一個正面的後果嗎？」我繼續問。

「當然，那就是我來找你的原因。」她說。

「那麼，你第一件要了解的事情是，你永遠不應該介入你兒子的婚姻問題。」我態度堅決地說。「他和他妻子內在的無窮智慧會處理這些問題。為你自己好，你應該停止去想他應該依照你的意思來做事，或是依照你的偏好來行動，或依照你的信仰方式而去信仰。你應該釋放他，放他自由，並且讓你自己的心思得以平靜。」

在我們的諮商尾聲，我為她寫了一份祈禱文：

我將我的兒子、他妻子，以及家庭，完全交給上天，所有的一切。我放開他們，任他們而去。我知道他是上天之子，上天愛他並照顧他及其家人，我給他自由，並且讓他以自己的方式引領自己的生命。我釋放他，並且讓他在精神上、心智上及感情上得以自由。任何時候，我想到他、他的妻子或是他的家人，我會立刻默念：「我已釋放你。上天與你同在。我現在自由了，而你也是。」這是上天在我生命中的作為，而這意謂著和諧、平靜與正確的行動。

她忠實地進行此一祈禱。在接下來的數週中，她發覺內心感到一股從未有過的平靜與安寧。她發現了一個簡單的事實：當我們釋放其他人，並且將他們交給上蒼的導引與指示時，我們是在釋放我們自己。

頌揚你所愛的人與朋友內在的靈性，並且允許他們去發現形塑他們結局的靈性。絕對不要強逼他們順從你的意志或你自己先入為主的意見與信仰。容許其他人成功或失敗。如果他們失敗了，這也可能成為他們生命中的一個轉捩點，他們藉以發現他們內在深處永遠不會失敗的力量——上天笑著安歇於此。以此方式，你和他們都發現了自由的財富。

一個生意人學會了如何放手

「我希望你給我一份讓我妻子回頭的祈禱文。」喬治告訴我。他是一家銀行的副總裁，但此時此刻，他卻一點都不像個冷靜的商業人士。

「她去了哪裡？」我詢問他。

「我不知道。」他說。「二十年了！你能相信嗎？二十年來的幸福婚姻，結果有一天，我從克里夫蘭開完一個會議回到家時，卻發現一張紙條說她要離開我，並且還要離婚！不可思議！」

「你要的這份祈禱文，你期待它能做什麼？」我問。

「我說過了，要她回來！她一定是失去理智了，才會做出像這樣的事情。你給我一個帶她回來的方法，而且我會使她恢復理智。」

當我們在談話時，我看得出喬治是一個佔有慾非常強，並且跋扈的丈夫，他並不尊敬他妻子的獨立存在。我向他解釋，嘗試使用力量、心智上的強制或試著以任何方式去影響他人依自己命令行事，始終都是錯誤的。他不應該想要一個並不想要他的女人。他應該授予她自己作主的權利，因為上天對一個人的指引，也是對另一個人的指示。

「你說她忽然離開，沒有任何理由？」我繼續說，「這不可能。她一定有好長一段時間都在想著要逃離，並想像在別地方生活的情境。終於，她腦子裡的形象變得凝固了。既然潛意識是無法違抗的，於是她立刻收拾行李，並且離開。但是她其實在思想上早早就已經離開了。當你的身體在一地，而在你的想像中，你的心智卻在另一處時，你事實上是會被強迫走向你的心之所嚮。」

愛不是佔有，愛不是嫉妒，愛不是跋扈或強制。當你愛上另一個人時，你喜歡看到另一個人快樂、喜悅及自由。愛就是自由。

喬治仔細傾聽我所說的話，最後他告訴我：「我還是想要一份祈禱文，但是我想要一份能幫助帶來最佳結果的祈禱文，不管那是什麼。」

依據他的要求，我給他一份如下的祈禱文樣本：

我將我的妻子完全交給上天，我知道無窮的智慧在各方面都引領她，上天的正確行動支配一切。我知道，對她的正確行動，也是對我的正確行動。我給她完全的自由，因為我知道愛釋放一切、給予一切，這是上蒼的心靈。我們之間有和諧、平靜與了解。我希望她享有生命中的賜福。我放開她並讓她走。

他忠實地進行此一祈禱治療，並且在內心裡完全同意。過了幾週，他接到妻子的一通電話。她告訴他，她已經訴請離婚，並且以一種親切與深情的方式解釋她離開的原因。後來他們兩人都再婚了，但仍保持聯絡。

睿智的上天是無所不知的。當你祈求指引與正確行動時，你不要指揮上天該如何做。喬治正確地處理了他的危機，而愛的法則給了他平靜與安寧。愛是健康、快樂、成功與心智平和的實現。

療癒的能量為一名護士帶來鉅額金錢

在飛往墨西哥市的一班飛機上，坐在隔壁座位的女士自我介紹，說她叫南西。她並且告訴我，她以前是一名註冊護士，是紐約人，被邀請來墨西哥最大的一所兒童醫院教書。「如果以前我還在婚姻狀態時，我是無法接受的，」她說，「現在我對它懷抱期待，把它當成是一種冒險，以及一個回饋的機會。」

「你離婚了嗎？」我問。

「嗯，」她回答，「麥克和我在一起五年了。他以前是一個精神科的護士。然後，有一天，他要求離婚，因為他愛上了他醫院的一名同事。」

「那你一定很難過。」我說。

「噢，當然是的，」南西說，「那是一個打擊。但是我告訴麥克，他就像是風一樣自由，而我要他快樂。我屬於紐約一個形而上學的教會，而我知道愛總是釋放一切。麥克對我沒有生氣或痛苦非常驚訝，但我解釋，真正的愛絕不是佔有或附屬，『藉著釋放你，我釋放自己自由』。我不認為他完全了解，但他確實很感激。」

「我可以了解，」我說，「而且我看得出來，你過得很不錯。那他呢？」

「可惜不太好。」她語帶悲傷地說。「他的新婚姻沒幾個月後就支離破碎了。然後在去年，他因為心臟病發過逝了。當我發現我是一大筆壽險的受益人時，我嚇了一大跳。那也是為何我能夠接受這份教書的工作。墨西哥醫院的待遇並不優渥。」

在釋放她丈夫自由，並且祝福他所有生命的賜福後，南西將她的愛與善意付諸實行，而它以百倍的報償回報。

療癒的財富在辦公室裡發揮功效

聖地牙哥皇家旅館俯瞰著一個停滿船舶的美麗海港，我到那裡進行一系列的演講，並且空出一天來接受私人訪談。訪談表上的第一位是茱蒂，她是剛從大學畢業的社會新鮮人，正在一家證券經紀的公司當實習生。

「我愛我的工作，」茱蒂認真地對我說，「工作棒極了，待遇也很具有競爭性，而且長期的遠景也很好。」

我笑了。「那就是你所指的問題所在嗎？」我問道。

「呃，並不是。」她的臉紅了。「問題是在大多數其他的實習生身上。我通常和人相處得很好，但他們是如此地難搞！他們不喜歡實習的計畫，不喜歡那待遇，也不喜歡我們的老闆……我發誓，如果他們玩樂透贏了一百萬元，他們接下來就會抱怨接踵而來的稅金！我感覺整天都被這種負面的能量轟炸。每天晚上下班時，我都覺得好沮喪，彷彿是拖著下巴走在人行道上！」

「我有一個建議。」我說。我告訴她將所有其他實習生的名字一一列出。每天早上上班前及每天晚上下班後，她可以祈禱如下：

上天知道我所有的同事。他們在他們真正的工作崗位上，做著喜歡做的事情。他們藉著上天的幫助而快樂、成功。上天透過他們思考、說話與動作。他們意識到自己真正的價值，而他們現在正在體驗精神上、心智上與物質上的富裕。我釋放他們，並讓他們離去，而任何時候我聽到來自他們其中任何一人的負面說法，我會立刻默念：「上天愛你並且照顧你。」

接下來的那個月，最多抱怨的那位實習生離職前往另一個領域工作。那些留下來的人開始發現工作中令人喜悅的事物，並且對白天的工作帶來更多正面的態度。他們所有人都受到保佑。當實習的課程結束，另有新的一批實習生進來後，茱蒂在他們的新生訓練中講話。她很高興地發現，他們全都是熱切、正面、具有建設性思想的人，其中還有好幾個人是心智科學的學生。茱蒂發現，藉著為他人祈福，她也得到了豐富的賜福。

一對父母決定釋放女兒去過新生活

當我人在聖地牙哥時，同時也和法蘭克與桃樂絲會面。他們非常激動，情感受到很大的打擊，因為他們就讀於東部一所大學的女兒艾倫，竟然不聲不響地退學，和男朋友跑到夏威夷去。

「為什麼他們要去夏威夷？」我問。

「去當海灘遊民，」法蘭克痛苦地說，「不然還會有什麼結果？」

「艾倫的朋友是一名認真的衝浪手，他們從高中時就認識了。」桃樂絲插嘴說。

「跟真的一樣。」法蘭克說。

「艾倫有和你們聯絡嗎？」我問。

「噢，有的，她打了兩次電話，」桃樂絲說，「我聽到她的聲音後，放心多了！」

「她是來要錢的，」法蘭克補充，「她要我要寄匯票到毛伊島去。想都別想！」

「聽著，法蘭克，你答應過的。」桃樂絲開口。

我插嘴說：「你們的女兒現在是一個成年人了。她有權利，也有責任去過她自己的生活，不用聽父母的命令。但在這個原則之外，若因此而促成另一個人的懶惰、冷漠與怠惰，這在道德上、倫理上與精神上都是錯誤的。這會把他們變成是依賴者與發牢騷者。如果你太經常與太容易得到財務的協助，它會奪走你自己的進取心。」

在經過更多的討論後，桃樂絲與法蘭克同意徹底地釋放他們的女兒。他們很有信心，如果他們正確使用心智法則，無窮的療癒力量會以正確的方式來照顧她。

我為他們所列出的祈禱治療技巧如下：

我將女兒完全交託給上天。她是上天之子，上天愛她並照顧她。上天引領著她，而上蒼的誡律與旨意統治著她的生活。任何時候我們想起她，我們會立刻宣示：「上天在照管著你，而且祂會為你照料一切。」

接下來的六週，他們沒有聽到艾倫的任何消息。他們沒有匯錢，但是他們日夜都為她禱告。在第七週的星期二，他們接到一封她的來信，說她正在一家大型休閒旅館工作，並打算下一學期到夏威夷大學註冊入學，完成她的學業。她為她所做的事情致歉，為她所造成的傷痛致歉，並請求他們的原諒。

桃樂絲當天打電話給我，說她和丈夫打算搭飛機到夏威夷去看他們的孩子。我後來接到一張明信片，上面並有一段訊息，就是這場團聚再美好不過了。他們發現了將女兒釋放給上天照顧的財富，因為祂無所不知無所不曉，祂的道路是快樂與平安。

請求上天療癒的冥想

我內在的力量有無限的可能性。我知道因為與上蒼同在，所有的事情都有可能。我現在相信於此並且全心全意地接受它。我知道在我心中的力量，可使黑暗光明，使彎曲得直。由於預期上天存在於我內心的力量，我的意識現在被提升。我現在所說的話，是為了療癒我的心、身與事；我知道內心的力量會回應我的信仰與信賴。我現在與我內在的生命、愛、真理與美建立起關聯。我現在使自己與內在的愛和生命一起同行。我知道，和諧、健康與平靜已在我的身體裡呈現。當我假設自己擁有完美的健康而去活著、行走或行動時，它就會變成真的。我現在想像並感受我完美身體為真實。我現在充滿了一種平靜與幸福的感覺。感謝上天。

本章牢記要點

1. 無窮的療癒力量處處都存在，它不僅治癒你手指上的割傷，降低燒燙傷的浮腫，並且使你的皮膚恢復到正常的情況。它也能夠治癒婚姻的問題與財務的煩惱。它是所有問題的答案。

2. 父母絕對不應該介入子女對配偶的選擇，子女應該有做出自己選擇的自由。父母應該只要釋放他們的子女，交給上天，並認識到無窮的智慧會引導並指揮這些年輕人，而上蒼的正確行動攻無不克，戰無不勝。

3. 如果堅持你已婚嫁的子女應該符合你的思想、行動與信仰方式，那就太傻了。將你的孩子交託給上天，為他祝願得到生命中所有的賜福。放開他，並且讓他走。當沒有意見的時候，也就不會有痛苦。任何時候你想到所愛的人，宣示：「我已經放開你了，上天與你同在。」當你這麼做時，你也讓自己自由了。

4. 如果你的配偶收拾行李離開了你，那是他或她的決定。試著要以心智上的強制或以力量令伴侶回頭，那是錯誤的。應用心靈的法則，要了解到睿智的上天正在各方面都引導與指揮著他，知曉上天對另一個人的引導，也是對你及這世界上所有人的一個指引。給對方上蒼的自由，知曉上蒼的正確行動戰無不勝；然後，不管發生什麼都請上天賜福給所有人。愛不是佔有，愛釋放一切，它給予一切；這才是天之道。

5. 愛永遠釋放自由。愛不是佔有。當你愛上了另一個人時，不管是丈夫或是妻子，你會樂見另一人快樂、高興及自由。你會喜愛看到另一個人呈現本來的面目。如果你的配偶瘋狂地愛上了其他人，放開他或她，並且祈願你的配偶得到生命中所有的賜福。愛釋放一切。

6. 當其他的人在你的辦公室發表負面言論時，將他們全部交付給上天，知曉祂會經由他們而思考、說話與行動，而他們是受到上天的力量引導，在生命中真實表達。對他們傳達愛、平靜與善意，而且你將會使你祈禱文中的神奇發揮作用。他們將會受到祝福，而你也是一樣。藉著頌揚上天在其他人之中，你將會發現，你也帶給自己無數的賜福。

7. 當你的孩子成年後，放開他們，讓他們走。要求上天引導他們，照顧他們，而當你保持對祈禱文忠誠實行，你的孩子將會藉由內省學到其中意義，並且藉著上天之助，導向去做正確的事情。要有耐心，相信你內在的智慧，並且不要在你的心智中爭辯。睿智的上天無所不知無所不曉。而所有這一切，只要求你信賴並相信，而它將如你所相信，發生在你身上。

8. 應用本章結尾的冥想，療癒的力量將在你的日常生活中帶來驚人的好處。

18 源源不絕的財富來自平靜的心

我曾經到首府華盛頓附近的艾爾利會議中心參加一場宗教大會，我在大會上所講的主題是「永不改變的誡律」。待在那裡的五天當中，我曾和一位非常成功與極為富有的男子彼得有一番長談。他告訴我他健康、財富與傑出成就的祕密，就是發展他所稱的「靜心」。

他從口袋裡拿出一張卡片，上面銘刻著下列的真理：「仁者靜。」（孔子）「你們得力在乎平靜安穩。」「不輕易發怒的，勝過勇士；治服己心的，強如取城。」「因為耶和華在你一切的土產上和你手裡所辦的事上要賜福予你，你就非常地歡樂。」「若不是耶和華建造房屋，建造的人就枉然勞力。」（聖經）

所有這些陳述指出，你的力量、成功、長處及財富來自平靜，來自內心深處的平和安靜，也是來自生命法則中的自信，與來自你潛意識的回應。

一個富翁的冥想卡片

彼得說，在他一生中的每個早晨，他都將心思專注於前述的真理，緩慢地、安靜地、充滿感情地重複它們。他知曉，當它們深印於他的潛意識時，他將必然表達出成功、健康、活力與新的創意想法。他是一家大企業的創辦人，是半打以上公司的董事，並且是許多不同領域高級主管所信任的顧問。他跑遍了世界各地。

他把他的冥想卡片免費分發給遇到的人，當他給我一張時，他告訴我，大約三十年前，在前往歐洲的一艘船上，遇到了一個改變他一生的人。這名男子向他解釋，如果他從《聖經》中取出某些特定具有建設性的句子，他的心思就會棲息在那最高的存在身上，而當你向祂求助時，祂都會回應你。

彼得一切財富的鑰匙，就在他對於前述句子進行經常性、系統性與重複的冥想，他知曉他啟動了潛伏在他潛意識深處的力量，迫使他向外、向上與向上天發展。

一位副總裁發現靜心的財富

哲學家湯瑪斯．卡萊爾說：「沉默是偉大事物形塑自己的重要元素。」愛默生說：「讓我們靜下來，如此我們才能聽見眾神的低語。」

這些句子是刻在一塊櫻桃木的銘牌上，掛在愛蓮娜的辦公室牆上。她是《財星雜誌》五百大媒體企業集團之一的執行副總裁。在一次的拜訪中，我注意到她的銘牌，並問了起來。

「我將我所有的成功都歸因於這些偉大的想法。」愛蓮娜告訴我。「每天早上在上班前，我都會冥想十五分鐘。我將我的注意力從對外界的覺知中抽回，讓身體平靜下來，閉上我的眼睛，並且仔細思考無窮的智慧在我們每個人之中的重要真理。」

她補充道，她會在心底默默地宣誓，上天在引導她，會給她新的、有創意的構想；上天的力量將會支配當天的會議；上天透過她思考、說話與行動；在她裡面的最高智慧將會讓她談吐正確，而為她公司所做的所有決定是依據正確的行動，賜福給所有人。

接著她花約五分鐘來想像上天的平靜之河流經她全身上下。通常在此一平靜的時刻，對於商業上的困難與個人問題，還有她和同事掙扎多日而不得解的問題，常常就會在靈光乍現下得出答案來。

從平靜之中得到答案

「我發現，要得到一個問題的答案，全世界最快速的方法就是將你的要求交付給平靜的內心。」愛蓮娜後來在我們的談話中如此評論。「我知道答案會自行出現。有時它會馬上，或是在一個小時內出現。其他的時候，它可能要花好幾天，甚至一週，但是它幾乎總是會出現。奇怪的是，它通常在我心裡想著一些其他事情時出現。我猜我的潛意識收集了所有必要的材料後，然後在適當的時間，對我意識的、理性的心智揮出全力的一擊。」

她以此方法而得到的答案中，有些具有極大的價值。最近從她平靜的時刻所得到的一個念頭，導向一個新的商業策略，可以增加公司數百萬元的市場估定價格。

平靜的心消滅了破壞性的批評

道格在一家服務業公司工作，最近被升為部門主管。因為他比許多屬下更資淺、更年輕，他成為大量批評與背後中傷的目標。

「你說這些事情時似乎很冷靜。」當他告訴我這些事情時，我如此評論。「你是如何處理這個情況的？」

「我試著冷靜地去接受它。」他回覆。「我與我內在的力量團結一致，明白沒有人能夠傷害我，因為『與上天同在者即為多數』。總之，我知道負面的想法與他人的說法，並沒有力量造成他們所指涉的那些事，除非我將我內在的力量轉讓給他們。我拒絕那麼做，而上天的力量與善念同在。」

道格是一名聰慧的年輕人，顯然是注定了要做大事的人。他知道，不論其他人散布有關他的任何謊言，他們都傷不到他，除非他自己在心智上接受了那些想法。因為其他人講你的壞話，並不會把你變成壞人。你的想法是有創造力的，而你是自己的主人。你必須態度肯定地拒絕讓其他人打擾你或操縱你的心智。

有一句古老的德國諺語：「一個謊言走不了多遠，因為它的腿很短。」

一名焦慮的經理找到了平靜的力量

最近一個名叫史蒂夫的經理人來找我諮商。他告訴我：「我的問題是焦慮。我為每一個我必須做的決定而痛苦煩惱不已。」根據他所說的情況，我給他一紙我稱之為「心靈處方」的療方，以替他紛擾不安的心帶來平靜。我向他建議，如果他平靜地、充滿感情地，並且深信地默念下列的心靈真理，他的緊張過度就會逐漸舒緩：

堅心倚賴你的內心力量，祂必保守你十分平安，因為你倚靠祂。平靜與信心將成為你的力量。上天必照祂榮耀的豐富，使你們一切所需用的都充足。你要認識上天的力量，就得平安；福氣也必臨到你。你們要將一切的憂慮卸給上蒼，因為祂顧念你們。祂給人安靜，誰能擾亂你呢？

這位經理每天數次，每次花五至十分鐘的平靜時刻，默念這些具有療癒效果、有益健康的句子，從中他找到了鎮靜、平靜、沉著與心智控制。他發現平靜是上天心中的力量。

平靜的心思助她的業績大幅進步

貝蒂娜是一家紙類商品製造商的業務代表。她來找我時，非常擔心她最近所收到一封來自上司的信。他在這封信中批評她業績不彰，並且暗示她，如果不盡快改善，可能就會丟掉飯碗。

我向她建議，在每天晚上與早晨保持平靜的心思，然後應用想像的能力在有建設性的工作上。「想像」是以一種有效的方式投射心智圖像的藝術或訓練。

在我的指導下，貝蒂娜翻轉了她之前所懷有的銷售不佳與失敗的心智圖像。每天早晚，她花五至十分鐘去想像她的上司走出辦公室，公開為她卓越的業績向她道賀。她感受到他握手的自然，清楚看到他的笑容，並且聽到他說：「恭喜你傑出的表現，你獲得升遷了。」她每天晚上都看著這齣心智電影而平靜入睡。

貝蒂娜的銷售業績很快就改善了。在三個月結束時，她成了地區經理，薪資和佣金都大幅增加。她正在一路高升。藉由播放心智電影的方式——每天早晚，以一種平靜、被動的、包容的方式重複播放——她將晉升及加薪的想法深植於潛意識中，開啟了完美實踐她心靈圖像的大門。

平靜的思想撫平了他嫉妒的焦慮

馬克從舊金山搭機南下來看我。他非常地緊張，醫生診斷他的狀況是焦慮精神官能症，也就是長期的擔心與過度緊張。他在事業上很成功，是一家超大型企業的業務經理。這家企業的總裁與副總裁都很喜歡他。

當我在和他談話時，造成他困境的根本原因露出了端倪。他的一個同學原本是一家競爭對手公司的高級主管，最近被拔擢為執行長。「我無法忍受！」馬克大叫道，「那傢伙在大學時就什麼都搶在我前面，在大學兄弟會會長競選時他擊敗了我。他甚至還搶走了我心愛的女孩，並且娶了她。現在又有這件事！」

我向馬克解釋，生命中真正的競爭，只發生在他自己心中成功與失敗的念頭之間。他生來是要贏的，而不是來失敗的，因為上天不會失敗。一旦他將注意力聚焦在成功上，他潛意識中所有的力量都會支持他，並且驅策他去成功，因為潛意識的法則是強制性的。

他開始認識到，過去已然逝去，除了此時此刻，其他什麼都不重要。藉著可笑的嫉妒念頭，他事實上已經使自己筋疲力竭。這是一個人可能持有的最糟糕態度之一，因為他的負面思想與他的自卑情緒，再加上羨慕與嫉妒的感覺，都在他的心裡與感情生活中扮演著大破壞，阻礙了他朝向各方面發展。

祝福敵人，治癒自己

治療的方法很簡單。馬克決定祝福並真誠地希望他的前同學更加發達興旺與成功，儘管他的成功曾經激起馬克的羨慕。於是，他常常祈禱如下：

我承認上天是我即刻且永遠的供給者。在上蒼的旨意中，晉升是我的，成功也是我的。上天的財富向我大量湧來，而我藉著上天的引導，每天都提供更好的服務。我知曉、相信，並且高興上天使我以前的同學成功，而且我真誠地祝願他得到生命中所有的賜福。不論任何時候我想到他，我會立刻宣告，上天使你的善加倍增長。

幾週後，他發現羨慕的念頭已經失去了所有的動力，而且他發現，造成他焦慮與過度緊張的原因完全是在於他的心理狀態。馬克最近被升為執行副總裁，並且毫無疑問地會一路升上去。

有一些人的升遷、成功與富裕會惹惱我們，或是激起我們的羨慕或嫉妒，藉著祝福及祝願他們在各方面都變得更為發達、更為成功，我們可以治癒自己的心，並且打開通往上天財富的大門。從你豐富的心裡大量湧出讚美、愛、喜悅與笑聲的禮品。你可以向你周遭所有人灌注勇氣、信仰與信心，而你將會發現，藉著祝福他人，你也會得到賜福，而且所有的羨慕、自卑及匱乏不足的感覺都會被克服。

一名醫學院學生發現靜心之財富

愛麗絲是一名醫學院大四的學生，她對我說：「我日夜被一種虛幻而瀰漫的焦慮所追捕，是一種對於未來的恐懼與失敗感。」她說的是有一次在考試時，她的腦子一片空白，而她只能回答幾個問題。愛麗絲的問題是焦慮與擔心。她很怕口試與筆試，並且將擔心的指令交付給她的潛意識。於是她逐漸產生壓力，造成她的思緒一片空白。

我建議她每晚臨睡前，緩慢而安靜地複誦以下的禱詞：

我很放鬆、平靜、安詳與冷靜。我對於在某一特定的時空所需要知道的一切事情都有完美的記憶。在我的學業中，我得到上天的指導，而且我在所有的考試中都能完全放鬆，心情平靜。在上蒼的旨意下，我通過所有的考試，而且我平靜入睡並在喜悅中醒來。

我向她解釋，所有這些想法都會深深地沉入她的潛意識中，變成她的一部分，所以不管是在一場口試或筆試中都可以絕佳發揮。

期末成績出來後，愛麗絲的表現好極了。她的焦慮消散了，而且她潛伏的能力與所有她學習的記憶都被釋放。

靜心的冥想

經常重複下列的冥想，會以出乎你預期的方式達成你心裡的願望：

我平靜且安穩。我的心與我的腦受到真、善、美精神的激勵；我的想法來自內心的力量，它使我的心平靜。

我知曉，創造之道是由心靈自行發揮。我真正的自我現在深駐我心，並且在我的身體裡與處事中創造了平靜、和諧與健康。我深處的自我是神聖的。我知道我是上天之子；藉著心靈的自我沉思，我以上天創造的方式創造。我知道我的身體並非自行移動，它是依照我的思想與感情而動。

我現在對身體說：「要安穩而平靜。」它必須遵從。我了解此事，我知曉這是上天的規則。我將注意力從物理世界移開；我在上天設於我心中的殿中享宴。我冥想，並盡情享受和諧、健康與平靜，這些來自我內在的上天本體，我現在心情平靜。我的身體是上蒼的殿堂。

本章牢記要點

1. 孔子說：「仁者靜。」《聖經》說：「你們得力在乎平靜安穩。」健康、財富與卓越成就的祕密就在於「靜心」。藉由從《聖經》上擷取能夠呈現上天永恆真理的文句，讓你的心安駐於最高的存在，當你求助時，祂必回應，而你將領略靜心之財富。

2. 卡萊爾說：「沉默是偉大事物形塑自己的重要元素。」愛默生說：「讓我們靜下來，如此我們才能聽見眾神的低語。」沉默的宣誓，上天正在引導你；上蒼的智慧將會支配你白天的一切活動，而且上蒼每天透過你思考、說話與行動。宣稱你所做的一切都是上天的正確行動。想像上天的平靜之河與愛流經你整個人。當你這麼冥想時，你所有問題的答案會從你自己的深處浮現，而你的生命將會發生奇蹟。

3. 當你靜下心思，停下注意力時，會明白只有上天知道答案。仔細思量答案、解決方案，因為在你詢問之前，你的高層自我早已知道答案。你將會發現，在你的潛意識中有具有創意的答案，它們將會徹底改革你的生命。

4. 上天給人安靜，誰能擾亂呢？別人的建議、陳述與行動都無法傷害你。創造的力量在你之中，它是你自己思維的移動。別人的想法是否支配著你？或你是否控制著自己的想法？當你的想法就是上天的想法時，上天的力量與你的善念同在。

5. 如果你有睡眠上的困難，與你的身體談話，告訴它要放鬆、放下。你的身體將會遵從你，然後緩慢而平靜地默念：「我平靜地入睡，在喜悅中醒來，因為祂會照顧我。」

6. 你可以根絕過度的緊張與焦慮，只要每天宣誓下列的心靈真理三至四次：「堅心倚賴你的內心力量，祂必保守你十分平安，因為你倚靠祂。……你們要將一切的憂慮卸給上蒼，因為祂顧念你們。祂給人安靜，誰能擾亂你呢？」當你將這些偉大真理深植入心時，一種可以治療的、有益健康的共鳴穿透全身，進入你的潛意識中，消除所有恐懼與擔心。一種平靜與安寧的感覺將會支配你。

7. 一名銷售成績下滑的業務代表想像上司恭賀她優秀的銷售成績。藉著一再重複此一想像，她將晉升的想法深植於潛意識中，最後親身體驗到了一次美好的升遷與加薪。

8. 唯一真正能發生競爭的地方就在你自己的心中；成功與失敗的念頭相互競爭。你生來是要贏的，而不是來失敗的。你內在的力量不會失敗。你要注意關於成功的想法，而你所有內心深處的力量將會支持你。祈禱總是會成功。

9. 一名醫學院的學生對於考試滿心恐懼與憂慮。事實上，她是在害怕失敗，而這會造成壓力，阻礙了心思。她在睡前默念：「我很放鬆、平靜、安詳與冷靜。」讓真理沉浸入她的潛意識中，而她現在好極了。她發現到真理的財富。

10. 應用本章末尾的冥想，你可以體驗靜心的好處。

19 享受帝王般的生活，就是現在！

歌德說：「生命就是一個採石場，我們從中接受塑造與雕琢，終而成就了一個角色。」

你來到這個世界，是要過著一個在各方面都豐富、快樂與富裕的生活。你生來就是為了要贏，為了征服及克服所有的障礙，凱旋而歸。你來這裡是要釋放你隱藏起來的非凡才華，造福人類，並且盡其可能地表現你自己。請求你心中的無窮智慧顯示你在生命中的真正位置。遵循那已經明白進入你的意識與理性心智的線索。當你發現你在生命中的真正表現時，你將無比快樂，健康、富裕，生命中其他一切賜福亦會隨之而來。

想要過一個美妙而又榮耀的生命，獲得成功與發達，這端視你的習慣性思維，以及你心中想要徹底改變生命的渴望。要記住，你的眼光到了哪裡，你才能到達那裡。而你的眼光是什麼？它是你所想的事，你所注意的方向，以及你所聚焦的對象。不管你注意何事，你的潛意識將會在你的生命中極度放大與增加。

現在就接受富裕與快樂

就是現在。我曾與許多不斷看著未來，期待人生總有一天會發達的人談話。許多人相信，總有一天他們會快樂、富有與成功。有的人在等待他們的孩子長大，然後他們說要去歐洲與亞洲旅行，欣賞各地的奇風異俗。其他的人則在討論他們打算如何度過退休歲月。

所有這些人都在等著某些事情的發生，卻不明白上天就是那永恆的當下——他們的福報就在當下，就在此時此刻，只等著他們開口要。正如現在你在這本書中所讀到的內容，你現在就能贏得一個更充實、更豐富的生命。

有一個人說，有一天他會中頭彩，贏得大筆獎金，然後環遊全世界。他的太太則說，如此她總算能夠去治療令她痛苦的皮膚疹。我向他們兩人解釋，上天的一切力量都在他們的裡面。平靜也在當下，你可以要求上天的平靜之河在當下就流經你。無窮的療癒力量也是隨時可得，你可以要求那療癒能量此刻就流經你全身，使你完整、純淨、完美。

這對夫妻開始明白，財富與療癒當下就可以得到。於是太太開始在每天早晚做出下面的宣稱：「上天的療癒力量充滿了我的全身，而且上蒼之愛流經我。我的皮膚是上蒼之愛的一個外殼，它完整、潔淨、完美，無瘢點亦無瑕疵。」

不到一週，她向自己證明了無窮的療癒確實是隨手可得，她已經被完全治癒了。

我向她的丈夫解釋，財富當下就可以得到，那是在腦中的一個想像畫面。他於是開始大膽地宣示：

此刻，上天的財富就在我的生命中循環不息。我正在將此一想法銘刻在我的潛意識裡，而且我知道，不管我在潛意識上銘刻什麼，它都會付諸實現。當我持續這麼做時，我了解來自我潛意識的反應是強制性的，我將必然得到財富。

當他持續以此方法祈禱時，新的、有創造力的想法在他心中浮現。他對國內外的石油類股票做出精明的投資，而在數月之間，他就發了一筆小財。他當時有一種壓倒性的感覺，某種固執的直覺力勸他去買那些股票，而這些股票的價值統統都立刻大幅上升。他向自己證明，財富在當下此地就可以得到。

現在就索求精神、心智與婚姻上的財富

力量就在當下。祈求內在無限的力量，而這力量將會在當下就回應你、激勵你、予你活力，並將你整個人汰舊換新。愛就是當下，要求上天的愛圍繞並滲透著你的身心。要理解並知曉，上蒼之愛透過你，在你生命中的每個階段呈現出來。引領就在當下，睿智的上天回應你的要求，祂知曉最好的答案，並且會在當下向你顯示。現在就索求你想要的。你並不會創造任何東西；你所做的一切，只是對那些過去總是、現在依然，而甚至在未來也不會改變的東西，提供形式與表達而已。

現在就計畫一個富裕的未來

要記住，如果你正在計畫未來的某些事情，你現在就在做了。如果你在擔心未來，你現在就感到害怕了。如果你流連於過去，你其實現在就想著它。你能控制現在的想法，你所要做的一切改變，就是改變你現在的想法，並且不要反悔。你意識到你當下的想法，而此時此刻你習慣性思維的外在表現，就會實現。

謹防從你那裡偷東西的兩個賊

「過去」與「未來」是兩個大賊。如果你因為過去的錯誤與傷害而沉溺於痛悔與自責中，你在精神上所經歷的極度痛苦，將造成對你現在思維的傷害。如果你對未來滿懷恐懼，你就是在從自己身上偷走或搶走喜悅、健康、快樂與心靈的平靜。開始去計算你在當下所擁有的賜福，並且除去這兩個大賊。

想起在過去某個快樂的場景，則那個喜悅是在現在。要記住，過去事件的結果，不管是好是壞，只不過是你現在思維的表現。將你現在的想法導入正確的方向。在你的心靈中，讓平靜、和諧、喜悅、愛、繁榮與善意佔據最高位置。有意識地、經常性地生活在這些概念中，要求它們，並且忘掉其他一切東西。

最後，記住，凡是真實的、可敬的、公義的、純淨的、可愛的、有美名的，任何的美德與讚賞，這些事你們都要常掛心頭。

有計畫地經常服用此一精神藥方，你將會打造一個光輝燦爛的未來。

讓神奇的力量帶你走向豐富生活與財務成功的冥想

盡你可能地經常使用此一冥想，它將會為你帶來極大的好處：

我應當以上天之事為念。我知曉，我的事業、職業與活動，都是上天的事業。上天的事業總是成功的。我將在每天的智慧與了解中成長。我知曉、相信並且接受的事實是：上天的豐盛法則總是對我有用，它通過我，並且就在我的周遭。

我的事業或職業充滿著正確的行動與正確的表達。我所需要的構想、金錢、商品與人際關係在當下和永遠都是我的。根據普遍的吸引法則，所有這些事情無可避免地會被我吸引。上天就是我事業的生命；我在各方面都受到祂的指引與鼓舞。每天我都得到成長、擴展與進步的奇妙機會。我逐漸建立起美與善。我得到極大的成功，因為我推己及人，用我希望別人對待我的方式與他們做生意。

本章牢記要點

1. 你來此是要過著豐裕的生命，一個充滿著愛、平靜、喜悅與生活富裕的生命。現在就開始釋放在你內在寶庫中的財寶。
2. 你的眼光到了哪裡，你才能到達那裡。不管你的注意力指向何方，你的潛意識都會在你的生活中將其放大與增加。
3. 此刻就接受你的財富、健康與成功，不要再耽擱。上天的力量就是永恆的現在。這即意謂著你的福報就在此刻。現在就要求平靜，現在就要求上天之愛立刻充滿你的心靈。財富是你心智中的想像畫面，要求上天的財富當下就在你的生命中循環不息。當你讓這成為一種習慣時，你的潛意識將會驅使你去表達出財富。
4. 現在就要求你所有的福報。要記住，你並不會創造任何東西；你所做的一切，只是對那些過去總是、現在依然，而甚至在未來也不會改變的東西，提供形式與表達而已。
5. 現在就規畫一個豐富與輝煌的未來。如果你正在計畫未來的某些事情，你現在就在做了；如果你會回想著過去，你腦中現在就是過去。你可以控制當下的一刻。改變你現在的思維模式，使其符合健康、財富與成功，那麼你的未來便確鑿可信。你的未來是你目前思維模式的顯現。

6. 注意那兩大賊。如果你要沉迷於過去錯誤的傷痛或是擔心未來，你應該要注意，這兩大賊在奪去你的生命力、識別力與心中的平靜。

7. 使用本章結尾處的冥想作為你的嚮導，指引你走上神奇力量的道路，通往更富裕的生活與財務的成功。

FOR2 13

想有錢就有錢

Think Yourself Rich

作者：Joseph Murphy（約瑟夫．摩菲）
譯者：朱衣、劉永毅
責任編輯：李佳姍
封面設計：何萍萍
校對：陳佩伶

法律顧問：董安丹律師、顧慕堯律師
出版者：英屬蓋曼群島商網路與書股份有限公司台灣分公司
發行：大塊文化出版股份有限公司
台北市 105022 南京東路四段 25 號 11 樓
www.locuspublishing.com
TEL：(02)8712-3898　FAX：(02)8712-3897
讀者服務專線：0800-006689
郵撥帳號：18955675　戶名：大塊文化出版股份有限公司

總經銷：大和書報圖書股份有限公司
地址：新北市 24890 新莊區五工五路 2 號
TEL：(02)8990-2588　FAX：(02)2290-1658
排版：帛格有限公司
製版：瑞豐實業股份有限公司

初版一刷：2009 年 3 月
二版一刷：2016 年 3 月
二版六刷：2024 年 3 月
定價：新台幣 300 元
ISBN：978-986-6841-70-5

國家圖書館出版品預行編目（CIP）資料

想有錢就有錢 / 約瑟夫．摩菲 (Joseph Murphy) 著 ; 朱衣 , 劉永毅譯 . --
二版 . -- 臺北市 : 網路與書出版 : 大塊文化發行 , 2016.03
292 面 ; 14.8*20 公分 . -- (For2 ; 13)
譯自 : Think yourself rich : use the power of your subconscious mind to find true wealth

ISBN 978-986-6841-70-5（平裝）

1. 成功法　2. 財富　3. 潛意識

177.2　105000497